essentials

essentials liefern aktuelles Wissen in konzentrierter Form. Die Essenz dessen, worauf es als „State-of-the-Art" in der gegenwärtigen Fachdiskussion oder in der Praxis ankommt. essentials informieren schnell, unkompliziert und verständlich

- als Einführung in ein aktuelles Thema aus Ihrem Fachgebiet
- als Einstieg in ein für Sie noch unbekanntes Themenfeld
- als Einblick, um zum Thema mitreden zu können.

Die Bücher in elektronischer und gedruckter Form bringen das Expertenwissen von Springer-Fachautoren kompakt zur Darstellung. Sie sind besonders für die Nutzung als eBook auf Tablet-PCs, eBook-Readern und Smartphones geeignet.

essentials: Wissensbausteine aus den Wirtschafts, Sozial- und Geisteswissenschaften, aus Technik und Naturwissenschaften sowie aus Medizin, Psychologie und Gesundheitsberufen. Von renommierten Autoren aller Springer-Verlagsmarken

Weitere Bände in dieser Reihe
http://www.springer.com/series/13088

Frank Rechsteiner

Erfolgreiches IT-Recruiting trotz Fachkräftemangel

Methoden zur Personalbeschaffung und -bindung

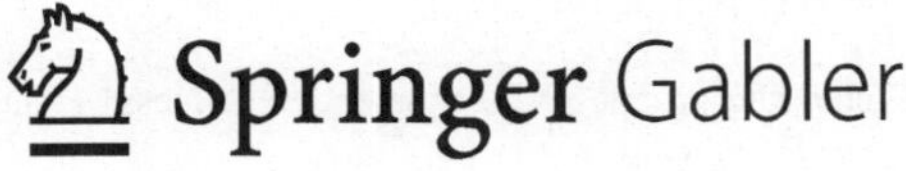

Frank Rechsteiner
München,
Deutschland

ISBN 978-3-658-13157-9 ISBN 978-3-658-13158-6 (eBook)
DOI 10.1007/978-3-658-13158-6

Die Deutsche Nationalbibliothek verzeichnet diese Publikation in der Deutschen Nationalbibliografie; detaillierte bibliografische Daten sind im Internet über http://dnb.d-nb.de abrufbar.

Springer Gabler

Gedruckt auf säurefreiem und chlorfrei gebleichtem Papier

Springer Fachmedien Wiesbaden ist Teil der Fachverlagsgruppe Springer Science+Business Media (www.springer.com)

Was Sie in diesem *essential* finden können

- Ein besseres Verständnis,was Ihre Kandidaten künftig von Ihnen erwarten
- Empfehlungen zur Steigerung der Arbeitgeberattraktivität speziell für IT-Unternehmen
- Konkrete Maßnahmen und Handlungsempfehlungen für Ihre Mitarbeitergewinnung und -bindung

Inhaltsverzeichnis

Einleitung 1

Die zunehmende Knappheit von IT-Experten versetzt die Arbeitgeber in einen harten Wettbewerb um qualifizierte Bewerberinnen und Bewerber. Nach Aussagen des Hightech-Branchenverbands Bitkom fehlen in Deutschland derzeit rund 43.000 IT-Spezialisten (Bitkom 2015). Händeringend suchen viele Unternehmen nach Software-Entwicklern, Anwendungsbetreuern, Administratoren, IT-Beratern und Projektmanagern, die auch in IT-Trendthemen, wie Cloud Computing, Big Data, Social Media und Mobility, sattelfest sind. Durch die jüngsten Debatten über Abhörmaßnahmen der Geheimdienste, Industriespionage und Cyberattacken steigt auch der Bedarf an IT-Sicherheitsexperten. Branchenkenner sind sich einig, dass die fortschreitende Digitalisierung in der Wirtschaft, Stichwort: Industrie 4.0, und der demografische Wandel den IT-Fachkräftemangel multiplizieren werden.

Hinzu kommt, dass mit der Generation Y der nach 1980 Geborenen IT-Absolventen und junge IT-Fachkräfte ins Berufsleben drängen, die sich ihrer hervorragenden Chancen auf dem Arbeitsmarkt sehr wohl bewusst sind daher hohe Anforderungen an die Arbeitgeber stellen. Ein gut bezahlter, sicherer Job reicht vielen Kandidatinnen und Kandidaten der Generation Y nicht aus – sie wünschen sich Förderung, Wertschätzung und individuelle Perspektiven (Kempin 2015; Rechsteiner 2015).

IT-Unternehmen können sich daher nicht mehr nur auf ihre Bekanntheit und Größe verlassen, um die richtigen Fach- und Führungskräfte anzuziehen und dauerhaft an sich zu binden. Dies gilt umso mehr für Arbeitgeber, die nicht mit einem klingenden Firmennamen oder einem Top-Standort für sich werben können. Mehr denn je sind innovative Strategien und Konzepte gefragt, um den Wünschen und Bedürfnissen hochspezialisierter IT-Mitarbeiter zu entsprechen.

Das vorliegende Buch stellt die wichtigen Trends im IT-Bewerbermarkt vor und gibt sowohl IT-Geschäftsführern und -Führungskräften als auch Human Resources Managern und HR-Verantwortlichen Handlungsempfehlungen, wie sie die aktuel-

F. Rechsteiner, *Erfolgreiches IT-Recruiting trotz Fachkräftemangel,* essentials,
DOI 10.1007/978-3-658-13158-6_1

len Anforderungen der IT-Experten meistern können: angefangen bei einem wertschätzenden Umgang am Arbeitsplatz, zu dem auch eine faire Bezahlung zählt, über maßgeschneiderte Weiterbildungsmöglichkeiten bis hin zu modernen Zeit-, Arbeits- und Führungsmodellen. Darüber hinaus wird der Frage nachgegangen, wie IT-Unternehmen eine attraktive Arbeitgebermarke (Employer Branding) entwickeln können, um sich im Wettbewerb um die begehrten Fachkräfte durchzusetzen.

Der Autor stützt sich dabei auf zahlreiche – auch eigene – Umfragen und Studien. Um seine Ausführungen konkret zu veranschaulichen, hat er jedes Kapitel um Praxisbeispiele aus seiner langjährigen Branchenerfahrung ergänzt. So bieten sich den Leserinnen und Lesern konkrete Einblicke in die vielfältigen Herausforderungen an das Personalmarketing und die Personalpolitik in einer Industrie, die als Innovationsmotor für die gesamte Wirtschaft gilt.

2 Der Mensch und Visionen

Zahlreiche Studien zur Arbeitnehmerzufriedenheit in Deutschland belegen, dass gerade die Wissensarbeiter – zu denen auch die IT-Spezialisten zählen – besondere Ansprüche an ihre Unternehmen stellen: Überdurchschnittlich wichtig sind für sie autonomes Arbeiten, Flexibilität und die Arbeitsatmosphäre.

Die folgenden Kapitel gehen der Frage nach, welche Faktoren für ein gutes Betriebsklima ausschlaggebend sind. Dabei wird deutlich, dass gerade IT-Mitarbeiter nicht mehr länger als reiner Kostenfaktor betrachtet werden wollen, sondern zunehmend nach Selbstverwirklichung, Eigenverantwortung und Wertschätzung streben. Lesen Sie, mit welchen Angeboten und Maßnahmen die Arbeitgeber und Manager diese Anforderungen und Wünsche der IT-Experten am besten erfüllen können. Eine zentrale Rolle sollten dabei Visionen und Werte spielen, die in der Unternehmenskultur verankert und im Betriebsalltag konsequent gelebt werden.

2.1 Es geht um Menschen – nicht um Ressourcen

Das heutige Wirtschaften ist auf Gewinnmaximierung ausgelegt, zumal in Zeiten fortschreitender Globalisierung. Diesem Ziel werden auch und gerade die (IT-) Mitarbeiter untergeordnet. Bereits ihre Einstellung hängt davon ab, ob sich ihre Fachkenntnisse, Fähigkeiten und Erfahrungen optimal für den Unternehmenszweck ausnutzen lassen. Später wirkt sich das technokratische Menschenbild auch im Geschäftsalltag aus. Ständig wird kontrolliert, überprüft und angepasst, damit die Mitarbeiter effizient funktionieren wie Maschinen. Mit fatalen Folgen: Wer nur nach seinem wirtschaftlichen Nutzen bewertet wird, verweigert seiner Firma bald die Gefolgschaft und beschränkt sich darauf, Dienst nach Vorschrift zu tun (Gallup 2014).

F. Rechsteiner, *Erfolgreiches IT-Recruiting trotz Fachkräftemangel,* essentials,
DOI 10.1007/978-3-658-13158-6_2

Zahlreiche Studien belegen: Das Konzept des Homo oeconomicus ist auch im Geschäftsleben überholt – Menschen sind keine Ressourcen, sondern denkende und fühlende Wesen, die ihre Tätigkeiten als sinnvoll erleben müssen, um ihr Bestes zu geben (Köppe 2013). Selbstverantwortung, Wertschätzung, Zusammenarbeit und Vertrauen heißen daher die grundlegenden Werte, auf die Unternehmen setzen sollten, damit ihre Mitarbeiter ihr volles Potenzial entfalten können (Pflüger 2009). Statt starren Hierarchien, Überorganisation und Kontrollwahn ausgesetzt zu sein, sollten sich die Mitarbeiter als Teil eines Prozesses verstehen, der auf Zusammenarbeit ausgerichtet ist und die Stärke jedes einzelnen nutzt, um das übergeordnete Unternehmensziel zu erreichen. Dass dazu die ständige berufliche Weiterbildung zählt, steht außer Frage. Denn nur mit Mitarbeitern, die zu einer permanenten Erneuerung fähig sind, besitzen die Unternehmen auch die notwendige Flexibilität, um sich den ständig wandelnden Markt- und Kundenanforderungen anzupassen. Dies gilt gerade für die IT-Branche mit ihren immer kürzer werdenden Innovationszyklen.

Ein Praxisbeispiel

„Als wir einen neuen Datenbank-Administrator suchten, schlugen wir zunächst den klassischen Weg über Stellenanzeigen, Jobbörsen und Headhunter ein – leider ohne Erfolg, denn der Bewerbermarkt war damals wie leergefegt. Auch verfügten wir nicht über die finanziellen Mittel, um einen Kandidaten von der Konkurrenz wegzulocken. Einige Kollegen verwiesen mich daher an Henrik, was mich erstaunte, da er sich bisher auf die Programmierung von Web-Applikationen konzentriert hatte. Auch schätzte ich Henrik als Mitarbeiter ein, der sich auf die Umsetzung geltender Anweisungen beschränkt.

Doch weit gefehlt! Auf die freie Stelle angesprochen, war Henrik sogleich begeistert von der Idee, sich in die neuen Aufgaben einzuarbeiten. Als ich ihn fragte, warum er sich nicht aktiv um seine Weiterentwicklung in unserem Unternehmen bemühe, war seine Antwort niederschmetternd: ‚Ihr seid doch ohnehin nur daran interessiert, mit dem vorhandenen Know-how eurer IT-Experten den größten Profit beim Kunden zu erzielen. Das frustriert uns hier alle, keiner hat Interesse, mehr zu tun, als verlangt wird. Die Botschaft war eindeutig: Wir hatten unsere Mitarbeiter zu sehr als Ressourcen betrachtet und dabei versäumt, ihr Potenzial konsequent auszuschöpfen – was nicht nur ihre Motivation und Begeisterung, sondern letztlich auch unsere Produktivität, unseren Umsatz und Gewinn geschmälert hat!“

Reinhard S., Geschäftsführer eines mittelständischen IT-Systemhauses

▶ **Handlungsempfehlung** Bewerten Sie Ihre Mitarbeiter nicht ausschließlich nach den Fähigkeiten und Erfahrungen, auch wenn sie diese sich in den vergangenen Jahren sicher mühevoll angeeignet haben. Etablieren Sie in Ihrem Unternehmen eine Kultur des Wissensaustauschs und der Wertschätzung, damit die Mitarbeiter sich mit Ihren Geschäftszielen identifizieren und Verantwortung übernehmen können. Blicken Sie gemeinsam mit Ihren IT-Spezialisten nach vorn und entwickeln Sie ein Zukunftsprofil, wohin die Reise für sie gehen soll. Dazu gehört, welche Aufgaben und Projekte die Mitarbeiter in den kommenden Jahren übernehmen wollen, und welche (Fortbildungs-) Maßnahmen dazu erforderlich sind. Die Erstellung solcher Zukunftsprofile mag zwar zeitintensiv sind, lohnt sich aber umso mehr, da Ihre Mitarbeiter erfahrungsgemäß enorm motiviert werden und weniger zur Konkurrenz abzuwandern drohen.

2.2 Mehr Stellenwert für die Fachkarriere

„Up or out" heißt das Karriere-Mantra, das gerade in der erfolgsverwöhnten IT-Branche immer wieder gebetet wird – entweder man steigt auf, oder man verlässt das Unternehmen. Doch haben immer weniger IT-Experten wirklich Lust darauf, Personalverantwortung zu übernehmen. Gerade die Jüngeren befassen sich lieber mit spannenden Aufgaben als mit für sie unergiebigen Führungsaufgaben (Dobe 2014). Unternehmen, die verhindern wollen, dass ihnen wichtiges Wissen verloren geht, sollten daher die Fachkarriere etablieren.

Nur wer führt, gilt als erfolgreich und wird mit mehr Gehalt, Anerkennung und Privilegien belohnt. Für viele Fachspezialisten bedeutet dieses klassische Karrieremodell, beruflich oft jahrelang auf der gleichen Stelle zu treten. Stattdessen ziehen viele einen Wechsel des Arbeitgebers vor – was einem Unternehmen gewaltig zu schaffen machen kann, wenn damit unverzichtbares Know-how verloren geht.

Da ist es besser, für seine Experten die Möglichkeit zu einer Fachlaufbahn zu schaffen, die kontinuierliche Gehaltssteigerungen und besondere Privilegien umfasst, wie flexible Arbeitsstrukturen, Freiheit zum Denken und Kommunizieren sowie Zugang zu Entscheidern und anderen Spezialisten auch außerhalb des Unternehmens (Trost 2014). Immer Betriebe erkennen diese Notwendigkeit und bieten interessierten Beschäftigten eine Fachkarriere an, wie eine Studie des HR-Beratungshauses Promerit zeigt (Promerit 2013).

Doch sollten Unternehmen dafür sorgen, dass Ihre Fachspezialisten innerhalb der internen „Hackordnung“ auch vom Ansehen her mit den Führungskräften gleichgestellt sind.

Ein Praxisbeispiel

Ein IT-Dienstleister stellt mit Frank einen neuen Programm-Manager für SAP ERP ein, der die Planung, Leitung und das Controlling entsprechender Kundenprojekte übernehmen soll. Frank leitet bei seinem Job mehr als 150 Mitarbeiter fachlich an und erhält ein Jahresgehalt von 120.000 €. Gleichzeitig nimmt das Unternehmen mit Thomas einen neuen Abteilungsleiter SAP ERP für die Chemie- und Pharmabranche an Bord. Thomas trägt Personalverantwortung für 30 Beschäftigte, sein Jahresgehalt beträgt 150.000 €.

Eine nähere Betrachtung zeigt die Widersinnigkeit dieser Einstufung. Obwohl Frank als Programm-Manager zur direkten Wertschöpfung des IT-Dienstleisters beiträgt, verdient er 20 % weniger als Thomas. Wenig überzeugend ist das Argument, dass Thomas als Abteilungsleiter ja eine deutlich höhere Verantwortung trägt und zudem Vertriebsaufgaben übernimmt. Denn akquiriert nicht auch Frank Neukunden – und sei es nur indirekt durch seine Projekterfolge? Und – Hand aufs Herz: Was passiert, wenn Frank nicht zuverlässig arbeitet? Dann scheitert schlimmstenfalls ein Kundenprojekt, was seine komplette Firma in den Ruin treiben kann. Also: Wer von den beiden trägt eigentlich die größere Verantwortung, Frank oder Thomas?

▶ **Handlungsempfehlung** Für IT-Unternehmen, die ihre Spezialisten „bei der Stange" halten wollen, führt kein Weg an der Fachkarriere vorbei. Doch sollten Sie sich keinesfalls auf die Konzeption maßgeschneiderter Entwicklungspfade mit entsprechenden Policies, Gehaltsstrukturen, Privilegien und Titeln beschränken. Damit Fachlaufbahnen auch in Ihrem Unternehmen nachhaltig erfolgreich und anerkannt sind, muss ihre Rolle für den Geschäftserfolg betont werden. Das heißt konkret: Machen Sie allen Mitarbeitern – auch und gerade den oft elitären Führungskräften – deutlich, dass Fachkarrieren erforderlich sind, um die Wettbewerbsfähigkeit und Zukunft Ihres Unternehmens zu sichern. Nur durch eine gezielte Kommunikation kann erreicht werden, dass auch fachlich orientierte Karrieren die Wertschätzung erfahren, die bislang den Führungspositionen vorbehalten war.

2.3 Wertschätzung statt Wertschöpfung

Wertschätzung gehört zu den wichtigsten Erfolgsfaktoren bei der Motivation und Bindung von Mitarbeitern. Sie drückt sich darin aus, dass die Beschäftigten von ihren Vorgesetzten als mündig, engagiert und verantwortungsbewusst betrachtet und ihre Erfolge und Leistungen entsprechend gewürdigt werden (lecturio 2014). Doch sieht die betriebliche Realität in vielen Fällen anders aus. In Befragungen bescheinigt nur jeder zweite Beschäftigte seinem Vorgesetzten einen anerkennenden Führungsstil. Stattdessen sehen sich viele strikter Kontrolle, zementierten Strukturen und Prozessen ausgesetzt. Sie leiden darunter, dass die Führungskräfte nicht ausreichend mit ihnen kommunizieren und sie nicht mit den notwendigen Informationen versorgen. Entscheidungen werden allein über Zielvorgaben gefällt, während die Mitarbeiterbeteiligung immer weiter abgebaut wird und den Beschäftigten aktionistische Lösungen übergestülpt werden (König 2010).

Dadurch leiden die Motivation der Beschäftigten und damit auch die Produktivität eines Unternehmens. Um es besser zu machen, sollten die Führungskräfte höchsten Wert auf eine angemessene Kommunikation mit ihren Beschäftigten legen. Dazu gehört, mit den Mitarbeitern sachlich, klar und menschenfreundlich über die Ziele und Erwartungen zu sprechen, die zu erreichen sind, sie bei der Zielsetzung zu begleiten und auch der Coach zu sein, der konstruktive Rückmeldung gibt, wenn etwas nicht so gut läuft (Frey 2015).

Ein Praxisbeispiel

Unser SAP-Beratungsunternehmen hat ein neues Projekt gewonnen und muss völlig unerwartet zwölf Mitarbeiter bereitstellen, die beim Kunden direkt vor Ort eingesetzt werden sollen. Statt die Berater mit den bestmöglichen Qualifikationen und Erfahrungen dafür auszuwählen, geht es unserem Arbeitgeber wieder einmal nur darum, wer gerade am meisten „Luft" hat, um sofort loslegen – und fakturieren zu können. Mir selbst wird kurz und knapp von unserem Abteilungsleiter mitgeteilt, dass ich als Projektleiterin eingesetzt bin und meine Mannschaft darauf vorzubereiten habe, dass bereits in vier Tagen das Kickoff beim Kunden in Dresden stattfindet. Wer überhaupt im Team mitarbeitet, wurde den Betroffenen kurz zuvor vom Abteilungsleiter per Mail mitgeteilt! Wertschätzung ist hier offenbar fehl am Platz…

Simone H., Projektleiterin eines SAP-Beratungsunternehmens

Handlungsempfehlung Unternehmen, die möchten, dass ihre Mitarbeiter für ihren Job „brennen" und damit ihr maximales Potenzial entfalten, sollten folgende Voraussetzungen erfüllen (König 2010):

- **Transparente Führungskultur**: Sorgen Sie dafür, dass Ihre Manager für die Mitarbeiter sichtbar und ansprechbar sind und dass die Vertrauensbasis stimmt.
- **Fördernde Unternehmenskultur**: Schaffen Sie ein Arbeitsumfeld, in dem häufig kommuniziert wird und Erfolge anerkannt und gefeiert werden. Legen Sie Wert darauf, dass Feedback und Vorschläge von Mitarbeitern erwünscht sind und in die betrieblichen Entscheidungsprozesse einbezogen werden.
- **Exzellente Personalprogramme**: Richten Sie Ihre Personalprogramme an der Unternehmensstrategie aus. Stellen Sie sicher, dass Ihre Mitarbeiter die Ziele des Unternehmens verstehen und artikulieren können.
- **Talentmanagement und Entwicklungsmöglichkeiten**: Bieten Sie Ihren Mitarbeitern attraktive Möglichkeiten zur beruflichen Weiterentwicklung an. Das steigert nicht nur deren Zufriedenheit, sondern hilft Ihnen auch, Ihre internen Talente zur Erreichung Ihrer Unternehmensziele auszuschöpfen – statt externe Ressourcen rekrutieren zu müssen.
- **Übertragung von Verantwortung**: Ermöglichen Sie Ihren Mitarbeitern eigenverantwortliches Handeln und erkennen Sie gute Leistungen auch entsprechend an. Sorgen Sie dafür, dass sowohl die individuellen als auch geschäftlichen Ziele klar kommuniziert werden, damit die Mitarbeiter wissen, was von ihnen erwartet wird.

2.4 Verschwinden klassischer Stellenprofile

Angesichts der demografischen Entwicklung wird es für IT-Unternehmen immer schwieriger, geeignete Kandidaten zu finden – zumal die klassischen Rekrutierungskanäle, wie Stellenanzeigen, ausgedient haben. Denn welcher IT-Spezialist hat es noch nötig, sich auf eine Ausschreibung zu bewerben, wenn die Headhunter bei ihm Schlange stehen? (Jánszky 2014).

Daher brauchen Arbeitgeber schleunigst neue Recruiting-Strategien, um bei den Kandidaten punkten zu können. Dazu gehört, dass sich die Jobs künftig den zur Verfügung stehenden Bewerbern anpassen, nicht mehr umgekehrt. Auch müssen neue Wege gefunden werden, um an geeignete Mitarbeiter zu kommen. Wesentliche Aufgaben gehen dabei an die Führungskräfte über: Ihr Ziel muss es sein, lebenslange, persönliche Netzwerke zu bilden, um immer wieder die Möglichkeit zu haben, daraus die passenden Kandidaten zu rekrutieren. Eine weitere interessante Perspektive bieten neuartige Stellenportale, bei denen sich die Arbeitgeber – im Gegensatz zum klassischen Recruiting – direkt bei in Frage kommenden IT-Experten bewerben. Diese Portale nutzen automatische Matching-Verfahren, um Arbeitgeber und Arbeitnehmer gezielt zusammenzuführen.

Ein Praxisbeispiel

Martina ist Teamleiterin bei einem Cloud-Services-Anbieter und führt seit mehr als vier Jahren eine stabile Mannschaft. Als ein Software-Tester kündigt, benötigt Martina einen Ersatz und bittet die HR-Manager, eine entsprechende Stellenanzeige zu schalten. Zu ihrer Überraschung erhält Martina die Antwort, dass die Personalabteilung längst keine Anzeigen mehr schaltet, weder in Print- noch in Online-Medien, da sich kein Bewerber darauf bewirbt. Martinas Bereichsleiter macht ihr daher den Vorschlag, aus seinem weitverzweigten Netzwerk einen Spezialisten anzusprechen, der die Anforderungen zu 60 % erfüllt, und die restlichen Aufgaben im Team zu verteilen. Eine dafür zuständige „Change-Abteilung" unterstützt Martina dabei, dass im Zuge dieses Prozesses die richtigen Team-Mitarbeiter die richtigen Aufgaben zugeteilt bekommen.

► **Handlungsempfehlung** Sorgen Sie dafür, dass wesentliche Recruiting-Aufgaben, die heute noch von der HR-Abteilung wahrgenommen werden, künftig Ihren Führungskräften zufallen. Unterstützen Sie dafür Ihre Manager beim Auf- und Ausbau von Kontaktnetzwerken aus IT-Spezialisten, die bei Bedarf gezielt angesprochen werden können. Durch die persönliche Beziehung zu Ihren Managern ist es einfacher, die Kandidaten von Ihrem Unternehmen zu überzeugen. Berücksichtigen Sie auch Spezialisten, die die Stellenanforderungen nicht vollständig erfüllen, und gleichen Sie die Differenz durch eine gezielte Weiterbildung der Kandidaten und eine Aufgabenverteilung auf andere Mitarbeiter aus. Damit entsteht in Ihrem Unternehmen eine Change-Kultur, die es ermöglicht, die Aufgaben und Verantwortungen flexibel zwischen den Teams und Abteilungen zu verschieben – als Grundvoraussetzung für IT-Arbeitgeber, die auch dann noch den wechselnden Markt- und Kundenanforderungen genügen wollen, wenn in den kommenden Jahren dauerhaft eine nicht zu füllende Lücke an fehlenden Fach- und Führungskräften entsteht.

2.5 Unternehmensvision und -mission

Vision und Mission sind ein wichtiger Teil der Unternehmensführung. Als Leitidee und Zukunftsbild beschreiben sie die Einzigartigkeit einer Organisation und verleihen ihr damit Identität. Den Mitarbeitern machen sie Nutzen und Sinnhaftigkeit ihres Handelns deutlich. Eine Vision muss von den Beschäftigten aktiv gelebt werden und sie dazu motivieren, sich für ihre Umsetzung zu engagieren (Sztuka 2015).

So weit, so gut. Tatsächlich finden sich in den Hochglanzbroschüren und auf den Homepages der meisten IT-Unternehmen wohlklingende Aussagen zu den Leitideen und Werten, denen sie sich angeblich verpflichtet fühlen. Von der Konkurrenz abheben will man sich zum Beispiel durch eine einzigartige Servicephilosophie für die Kunden, ein konsequentes Qualitätsmanagement bei Projekten und ein großes Verantwortungsbewusstsein für die Mitarbeiter. Beständigkeit, Vertrauenswürdigkeit und Integrität werden als unternehmerische Tugenden und Ursachen für den Geschäftserfolg genannt.

Leider sind solche Aussagen nur allzu oft reine Lippenbekenntnisse, wie ein Blick in die betriebliche Wirklichkeit zeigt. So beklagen viele Mitarbeiter, dass ihr Management nicht nach den Werten und Visionen handelt, die sie vorgeben. Auch ist ihnen die Rolle unklar, die sie bei der Umsetzung der Unternehmensziele spielen sollen. Dabei gilt Strategiekompetenz als zentral bedeutsam für den Erfolg von Führungskräften (Berndtson 2015).

Ein Praxisbeispiel

Franz will seinen Arbeitgeber, einen Anbieter für HR-Outsourcing, wechseln. Als Grund gibt er an, dass die Vision und Leitsätze des Unternehmens nur auf dem Papier existieren. Zwar werbe sein Arbeitgeber damit, dass der Kunde im Mittelpunkt steht und jedes Projekt eine Top-Referenz darstellt – wenn's darauf ankommt, sehe die Sache jedoch anders aus. Als Beispiel nennt Franz einen Eskalationsfall, bei dem ein Kunde die Implementierung von insgesamt sechs Zeitabrechnungsmodellen fordert, während im Angebot nur von „allen erforderlichen" Modellen die Rede ist. Wer hat nun Recht? Der Bereichsleiter schlägt vor, beim Kunden regulär zwei Zeitabrechnungsmodelle zu installieren und den Rest über Change Requests abzuwickeln, damit das Unternehmen noch genügend am Projekt verdient. Eigentliche Ursache für die Eskalation ist, dass bereits beim Angebot unsauber gearbeitet wurde, denn wie so oft wollte der Vertrieb billiger als der Wettbewerb sein. Doch wie verkauft man dies dem Kunden? Steht tatsächlich er im Fokus – oder ist es nicht vielmehr das Geld?

► **Handlungsempfehlung** Strategische Ziele, Visionen und Missionen zu formulieren ist einfach, danach zu handeln um einiges schwieriger. Seien Sie sich jedoch bewusst, dass es Ihre Mitarbeiter und Bewerber sehr schnell merken werden, wenn es sich dabei nur um Phrasen handelt. Dann ist es mit der Glaubwürdigkeit Ihrer Person und Ihres Unternehmens rasch vorbei! Damit Visionen und Geschäftsziele Bestandteil des täglichen Handelns werden, müssen sie in die Unternehmensverfassung eingehen und in der Unternehmenskultur verankert sein. Dabei kommt vor allem dem Management eine wichtige Rolle zu. Da sich die Mitarbeiter am Vorbild ihrer Führungskräfte orientieren, ist es von zentraler Bedeutung, dass Visionen und Ziele von diesen gelebt und kontinuierlich „nach unten" kommuniziert werden: Transparenz ist alles.

Zeit- und Arbeitsmodelle und Weiterbildung

3

Die Vereinbarkeit von Beruf mit Familie und Privatleben steht ganz oben auf der Wunschliste vor allem junger Fachkräfte aus der nach 1980 geborenen Generation Y. Gleichzeitig ist bei hoch qualifizierten IT-Spezialisten aller Altersstufen eine deutliche Karriereorientierung feststellbar.

Wie können IT-Unternehmen diesen Spagat meistern, das heißt ihren Mitarbeitern sowohl eine angemessene Work-Life-Balance als auch attraktive Entwicklungs- und Gehaltsmöglichkeiten bieten? Dies ist Thema der folgenden Kapitel. Mit der Möglichkeit zu Home Office und Vertrauensarbeitszeiten erhalten IT-Spezialisten die geforderte räumliche und zeitliche Flexibilität für eine familienbewusste und lebensphasenorientierte Karriereplanung. Ihr berufliches Fortkommen sollten die Arbeitgeber durch individuelle Weiterbildungsangebote sowie transparente und leistungsgerechte Vergütungssysteme unterstützen.

3.1 Home Office

Home Office liegt im Trend. Dies geht aus Umfragen unter Arbeitgebern und Arbeitnehmern hervor. So sehen fast 75 % der Unternehmen die Möglichkeit zur Heim- und Telearbeit als geeignete Maßnahme an, um Problemen bei der Besetzung freier Stellen zu begegnen und neue Mitarbeiter anzulocken (Universität Bamberg, Centre of Human Resources Information Systems 2015). Bei den SAP-Fach- und -Führungskräften sind es sogar mehr als 90 %, die das Home Office als wichtigsten Meilenstein zur Umsetzung einer familienorientierten Personalpolitik betrachten (Rechsteiner 2015) (Abb. 3.1).

Doch bleibt das Thema trotz aller Beliebtheit umstritten. Obwohl vor allem große Unternehmen wie Microsoft und Coca Cola ihre Mitarbeiter entscheiden lassen, wann und wo sie arbeiten wollen, gibt es immer noch Arbeitgeber, die sich

F. Rechsteiner, *Erfolgreiches IT-Recruiting trotz Fachkräftemangel,* essentials,
DOI 10.1007/978-3-658-13158-6_3

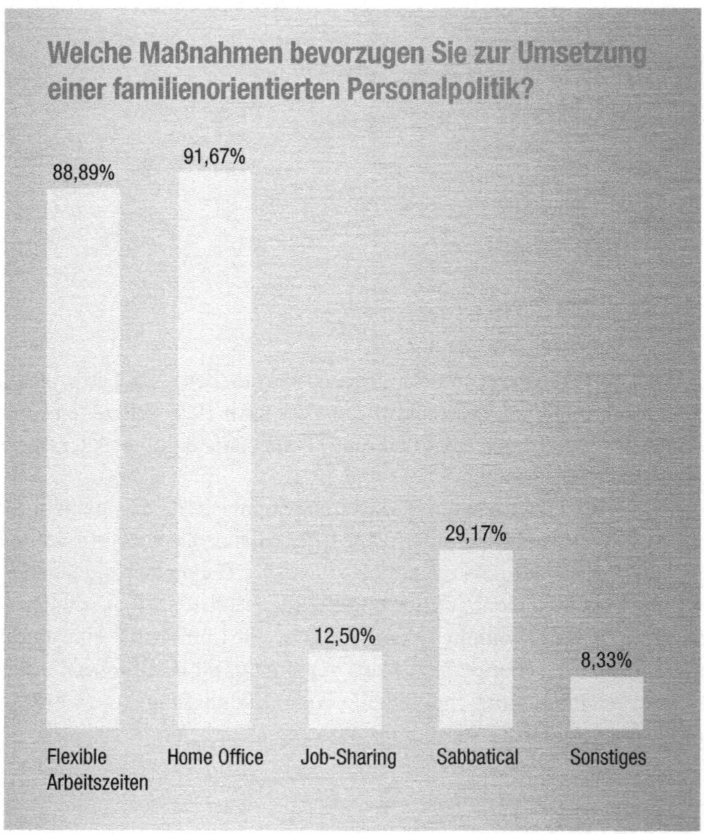

Abb. 3.1 Die meisten SAP-Fach- und -Führungskräfte bevorzugen Home Office, um Beruf und Familie vereinbaren zu können. (Quelle: Rechsteiner 2015)

gegen Home Office sperren. Der Grund: angeblich fehlende Kontrollmöglichkeiten. Prominentes Beispiel ist die Yahoo-Chefin Marissa Mayer, die Anfang 2013 ihre komplette Belegschaft wieder zurück ins Büro beorderte. Medienberichten zufolge hatte sich die Managerin vor allem daran gestört, dass man von vielen Mitarbeitern gar nicht mehr so recht wusste, was sie eigentlich machen (Janson 2015).

Bringt es jedoch mehr Transparenz, wenn die Beschäftigten ihre ganze Zeit im Büro verbringen? Kann dort wirksam kontrolliert werden, ob sich die IT-Spezialisten am PC ihren aktuellen Projekten oder den neuesten Nachrichten widmen? Die klare Antwort lautet: „Nein!“ Denn es ist wesentlich effektiver, wenn Beschäftigte an ihren Arbeitsergebnissen gemessen werden als an der Zeit, die sie im Büro verbracht haben. Denn: Arbeit ist eine Tätigkeit, kein Ort.

Ein Praxisbeispiel

Ein Nischenanbieter für Lieferantenmanagement-Lösungen (Supplier Relationship Management, SRM) sucht zwei Account Manager für die Betreuung von Stamm- und Neukunden. Beide sollen in der gesamten DACH-Region tätig sein. Jedoch verlangt der Vertriebsleiter von den Kandidaten, dass sie sich jede Woche drei Tage am Firmensitz in Nürnberg aufhalten – mit der Begründung, dass sie so den nötigen Kontakt zum Unternehmen halten könnten und er direkten Zugriff auf sie habe.

Wie bitte? Im digitalen Zeitalter von Industrie 4.0, Recruiting 5.0 und Selbst-Führung 7.0 möchte dieser Manager seine Mitarbeiter unmittelbar kontrollieren können? Offenbar fehlt ihm jegliches Vertrauen in ihre Leistung. Denn was spricht gegen Home Office, wenn die beiden Top-Verkaufsraten erzielen und die Ergebnisse stimmen? So ist es nicht weiter verwunderlich, dass der SRM-Anbieter bis heute keine der beiden Stellen besetzen konnte. Denn ein guter Vertriebsmitarbeiter hat es nicht nötig, sich auf solche restriktiven Bedingungen einzulassen. Home Office gehört längst zur Pflicht für Arbeitgeber, nicht zur Kür!

▶ **Handlungsempfehlung** Kommen Sie dem steigenden Wunsch Ihrer IT-Experten nach Home Office entgegen! Im Zeitalter von Internet und Smart Phones spielt es schließlich keine Rolle mehr, wo die Mitarbeiter ihre Aufgaben erledigen. Da sie auch im Büro nicht ständig kontrolliert werden können, sollten sie nach den Arbeitsergebnissen und der zeitnahen Rückmeldung bei drängenden Problemen beurteilt werden. Zahlreiche Studien belegen, dass sich der Vertrauensvorschuss auszahlt, den Arbeitgeber ihren Beschäftigten mit der Home-Office-Möglichkeit gewähren. Umfragen zufolge genießen die Mitarbeiter, die zu Hause arbeiten, vor allem das Entfallen von Pendelzeit (84,4 %), die räumliche Unabhängigkeit (77,6 %), die verbesserte Work-Life-Balance (69,0 %) und eine erhöhte Eigenverantwortung (67,9 %).

3.2 Feste Arbeitszeitmodelle sind out

Der feste Arbeitsplatz mit starrer Anwesenheitspflicht von 9 bis 17 Uhr wird in vielen Berufen zum Auslaufmodell (Müller 2014). Dies gilt gerade für die modernen Wissensarbeiter, zu denen auch IT-Experten zählen. Über Internet, Cloud Computing und mobile Endgeräte jederzeit und überall mit ihrem Unternehmen vernetzt, teilen sie sich selbst ein, wann und wo sie ihre Aufgaben erledigen. In Spitzenzeiten wird die Nacht zum Tag, ist ein Projekt abgeschlossen, legen die Mitarbeiter ein paar freie Tage ein (Michler 2015).

Beschleunigt wird dieser Trend, der mit der Verbreitung des Home Office einhergeht, durch die Angehörigen der Generation Y, die verstärkt ins Berufsleben drängen. Ein Beispiel dafür ist der Digital Native Philipp Riederle, der in seinem Buch die Notwendigkeit einer flexibleren Arbeitswelt betont. Dazu gehört für ihn, nicht zu festen Uhrzeiten im Büro sitzen zu müssen und nicht bei jedem Arbeitsschritt kontrolliert zu werden (Riederle 2013).

Viele IT-Unternehmen haben auf diese Bedürfnisse bereits reagiert und bewegen sich in Richtung Vertrauensarbeitszeit, bei der die Mitarbeiter selbst entscheiden können, wie sie die ihnen gesetzten Ziele erreichen. Einer davon ist der Softwarekonzern Microsoft, der seinen Beschäftigten keine festen Arbeitszeiten vorschreibt und auch die Anwesenheitspflicht im Büro abgeschafft hat, da diese nichts über die Qualität der Leistung von Mitarbeitern aussagt, wie Personalchefin Elke Frank betont.

Ein Praxisbeispiel:

Für Paul, der als Netzwerk-Administrator bei einem Telekommunikationsanbieter arbeitet, ist es immer wieder ein großes Problem, trotz Gleitzeit bereits um 10 Uhr morgens im Büro erscheinen zu müssen. Denn Paul ist eine Nachteule. Er geht zwar nicht auf Partys oder in Diskotheken, hat aber seine produktive Arbeitsphase erst ab dem frühen Nachmittag und tüftelt dann oft bis spät in die Nacht an einem Problem. Am Vormittag hingegen kann er nicht zur Hochform auflaufen. Dies merkt auch Pauls Vorgesetzter, mit dem es deshalb häufig zu Streitgesprächen kommt. Irgendwann sieht Paul keinen Ausweg mehr und sucht sich einen neuen Job – obwohl er seine alte Tätigkeit eigentlich sehr schätzt, wären da nicht die fixen Arbeitszeiten. Wenige Monate später hat Paul eine neue Stelle gefunden, bei der er flexibel über seine Einsatzzeiten entscheiden kann. Beide Seiten profitieren von dieser Regelung: Paul kann arbeiten, wann er will, und der neue Arbeitgeber ist mit seinen Leistungen außerordentlich zufrieden.

▶ **Handlungsempfehlung** Lassen Sie Ihre IT-Spezialisten dann arbeiten, wenn sie am produktivsten sind, und schaffen Sie die starren Arbeitszeitmodelle ab! Da jeder Mensch seinen individuellen Arbeits- und Lebensrhythmus hat, sollte es für Sie zum Beispiel kein Problem sein, wenn ein IT-Experte als begeisterter Frühaufsteher am liebsten schon vor dem Morgengrauen zu arbeiten beginnt. Dies hat den Vorteil, dass dieser Mitarbeiter in dieser Zeit hoch motiviert ist und zudem nicht durch Anrufe oder eingehende E-Mails gestört werden kann. Klären Sie in persönlichen Gesprächen, welche Arbeitszeiten die einzelnen Mitarbeiter bevorzugen, und kommunizieren Sie die getroffenen Regelungen offen unter den anderen Kolleginnen und Kollegen.

3.3 Umgang mit Biorhythmen und beruflichen Leerzeiten

Auch wenn sich in den meisten Unternehmen längst die gleitende Arbeitszeit durchgesetzt hat, sind die Beschäftigten nicht frei in der Wahl von Arbeitsbeginn und -ende, sondern an die Kernarbeitszeiten gebunden. In diesem Zeitraum hat ihre gesamte Aufmerksamkeit dem Arbeitgeber zu gehören. Selbst die flexibleren Arbeitszeiten haben also das Tabu nicht beseitigt, im Büro auch private oder freizeitorientierte Tätigkeiten zu verrichten. „Laptop an und durcharbeiten", heißt es nach wie vor auch für IT-Spezialisten (tipps.jobs.de 2009). Noch scheint die Einhaltung dieser Regel wichtiger als die Produktivität eines Mitarbeiters zu sein.

Vielfältige Erkenntnisse belegen jedoch die Vorteile einer zeitlichen Strukturierung von Arbeit, die sich am biologischen Rhythmus von Menschen orientiert und auch entstehende Leerzeichen berücksichtigt. Dies kann sich positiv auf Befinden, Gesundheit und Arbeitserfolg der Beschäftigten auswirken (Fraunhofer-IAO 2012). Wissenschaftlich erwiesen ist, dass jeder Mensch pro Tag zwei Hoch- und Tiefphasen hat. Da die Leistungshochs gewöhnlich zwischen 10 und 11 Uhr sowie 16 und 17 Uhr liegen, sollten Mitarbeiter ihre wichtigen Termine speziell danach ausrichten. Darüber hinaus sollten regelmäßige Arbeitspausen eingelegt werden, die die Mitarbeiter nicht zum Kaffeeplausch mit ihren Kollegen, sondern für sich selbst nutzen, zum Beispiel für Bewegung an der frischen Luft. Ähnlichen Zwecken sollten Leerzeiten dienen, die sich in allen Projekt- und Arbeitsphasen ergeben. So sollte es Mitarbeitern gestattet sein, beruflichen Leerlauf für private Tätigkeiten zu nutzen, anstatt die Arbeitszeit stupide im Büro abzusitzen.

Ein Praxisbeispiel

In meinem neuen Job kann ich viel effektiver arbeiten als früher, denn jeder Beschäftigte hat von der Geschäftsführung die offizielle Erlaubnis, seine Aufgaben dann zu erledigen, wenn es dem persönlichen Biorhythmus am besten entspricht. Hilfreich ist auch, dass ich meine Arbeitspausen selbst wählen und bei Bedarf für private Erledigungen nutzen kann, wie meinen Sohn vom

Kindergarten abholen oder joggen gehen. Ähnliche Freiheiten haben wir beim Umgang mit Leerzeiten, die ja immer mal wieder zwischen zwei Kundenprojekten entstehen. Ich habe die Erfahrung gemacht, dass mich die eigenbestimmte Arbeitszeitgestaltung erheblich motivierter und leistungsfähiger gemacht hat.

Tatjana S.-H., Big-Data-Spezialistin bei einem SAP-Partnerunternehmen

► **Handlungsempfehlung** Gestatten Sie Ihren IT-Experten, nach ihrer inneren Uhr, sprich dem persönlichen Biorhythmus, zu arbeiten und in Phasen von Leistungstiefs offizielle Pausen einzulegen, die sie ruhig auch für private Erledigungen verwenden können. Räumen Sie diese Möglichkeiten auch während beruflicher Leerzeiten ein, denn es macht wenig Sinn, gerade kreative Wissensarbeiter am Schreibtisch zu halten, wenn sie eigentlich gar nichts zu arbeiten haben. Bereiten Sie den Einstieg in eine rhythmische Arbeitszeitgestaltung systematisch vor. Dazu empfehlen sich zum Beispiel „Future-Work"-Workshops, in denen Ihre Manager gemeinsam mit ausgewählten Mitarbeitern die zeitlichen Rahmenbedingungen für die neuen Konzepte definieren und im Anschluss für einige Wochen im Modellversuch testen.

3.4 Individuelle Weiterbildung

Weiterbildung schafft Win-Win-Situationen für Arbeitgeber wie für Arbeitnehmer. Dies gilt gerade für IT-Unternehmen, die mit extrem kurzen Innovationszyklen Schritt halten müssen. Während die Arbeitgeber mit höher qualifizierten Mitarbeitern ihre Wettbewerbsfähigkeit verbessern, erhalten IT-Experten die Chance zu einem schnelleren beruflichen Aufstieg. Daher halten zum Beispiel mehr als 90 % der SAP-Spezialisten die interne Weiterbildung für sehr wichtig, sowohl im Bereich von Fach- und Führungsthemen als auch der strategischen Entwicklung des eigenen Fachbereichs sowie Soft Skills (Rechsteiner 2015).

Doch zeigt die betriebliche Realität, dass viele Trainings wirkungslos bleiben, da sie nach dem Gießkannen-Prinzip erfolgen. Oft handelt es sich nämlich um Standardangebote, die keinen Bezug zu Tagesgeschäft, Lösungen und Dienstleistungen der IT-Unternehmen haben und nicht an den Geschäftszielen ausgerichtet sind. Darüber hinaus sind die Schulungen „von der Stange" nicht auf die Lernmethoden und -ziele der einzelnen Mitarbeiter zugeschnitten und lassen die notwendige Nachbetreuung vermissen, damit das neue Wissen der IT-Spezialisten auch am Arbeitsplatz zu Erfolgen führt (Königes 2011).

Ein Praxisbeispiel

Wir alle kennen diese Situation. Als ich zusammen mit meinen Teamkolleginnen und -kollegen ein Weiterbildungsseminar besuche und dort das Thema ‚Konfliktgespräche mit Kunden' angeschnitten wird, hoffe ich, dass wir diesen Aspekt vertiefen, da ich dazu einige Wissenslücken empfinde. Doch wird schnell klar, dass die anderen Teilnehmer ihre individuellen Themeninteressen haben, die im Rahmen dieses Seminars ebenso wenig wie mein eigenes befriedigt werden können. Daher wäre es hilfreich, wenn wir neben Standardschulungen künftig auch individuelle Coachings erhalten würden.

Rebecca M., Account Managerin bei einem CRM-Lösungsanbieter

▶ **Handlungsempfehlung** Betrachten Sie Standardschulungen nur als Basis, um ein einheitliches Verständnis für ein bestimmtes Thema – zum Beispiel Kunden-Konfliktgespräche – zu erzielen. Darauf aufbauend sollten Sie Ihren Mitarbeitern Einzelcoachings anbieten, die auf die individuellen Anforderungen und Ziele zugeschnitten sind. Zur Klärung dieser persönlichen Bedürfnisse empfehlen sich Vier-Augen-Gespräche. Mit diesem speziellen Weiterbildungsansatz können Sie auch bei der Kandidatensuche punkten, denn Sie machen damit deutlich, dass Sie Ihre neuen Mitarbeiter wertschätzen und individuell fördern werden.

Achten Sie zudem darauf, dass die Weiterbildungsangebote an der Vision und Mission Ihres Unternehmens ausgerichtet sind. Analysieren Sie dazu Ihre wirtschaftlichen Ziele und die Qualifikationen, die zur Erreichung erforderlich sind. Danach sollte auf Geschäftsführungsebene der übergeordnete Weiterbildungsbedarf definiert und in den Abteilungen konkretisiert werden. Dabei empfiehlt es sich, einen Personalentwickler mit der zentralen Steuerung und Verwaltung der Weiterbildung zu betrauen, damit der Überblick nicht verloren geht.

3.5 Transparenz in der Bezahlung

Wenn jeder Mitarbeiter sich darüber informieren kann, was die anderen verdienen, ist Schluss mit unfairen Einkommensgefällen. Zu diesem Schluss kommt auch das Familienministerium und plant ein Entgeltgleichheitsgesetz, das Unternehmen ab 500 Mitarbeitern zur Offenlegung von Gehaltsunterschieden verpflichten soll. Vorrangiges Ziel ist die Bekämpfung der ungleichen Bezahlung von Frauen und

Männern. So kann mehr Gehaltstransparenz den Mitarbeiterinnen helfen, eine im Vergleich mit männlichen Kollegen gerechte Vergütung einzufordern.

Dies gilt natürlich nicht nur für geschlechtsspezifische, sondern auch für allgemeine Ungleichbezahlungen. So ist gerade in der IT-Branche mit ihrem steigenden Fachkräftemangel oft zu beobachten, dass diejenigen Kandidaten das meiste Geld erhalten, die am geschicktesten verhandeln können (Bakir 2015). Eine transparente Gehaltsstruktur hingegen würde Arbeitgebern und Arbeitnehmern eine objektive Grundlage für gerechtere Vereinbarungen bieten. Darüber hinaus lassen sich viele peinliche Situationen vermeiden, wenn IT-Unternehmen ihre Beschäftigten nicht im Unklaren über die in den einzelnen Berufsgruppen bezahlten Gehälter lassen. So scheuen viele IT-Experten nicht davor zurück, ihre Kolleginnen und Kollegen nach der Höhe ihres Gehalts auszufragen, weil sie wissen wollen, ob ihre eigene Bezahlung der Arbeit angemessen ist. Dies führt zu Spannungen und Unfrieden am Arbeitsplatz.

Auch immer mehr Bundesbürger fordern Transparenz bei Löhnen und Gehältern, wie eine Forsa-Umfrage zeigt. So würden es 27 % der Deutschen begrüßen, wenn sie sich in ihrem Betrieb über die Bezüge aller Kollegen informieren könnten. Weitere 33 % plädieren für die Möglichkeit, über Löhne und Gehälter zumindest von Kollegen mit vergleichbarer Tätigkeit Bescheid zu wissen (Forsa 2015).

Ein Praxisbeispiel

Im Vorstellungsgespräch gibt es nichts Schlimmeres für mich als die Frage nach dem Gehalt. Setze ich zu hoch an, kann es schiefgehen, setze ich zu niedrig an – auch. Bei meinem letzten Job musste ich nach einigen Monaten Betriebszugehörigkeit erfahren, dass ich nicht so viel verdiene wie einer meiner Kollegen, obwohl er deutlich weniger Berufserfahrung hatte als ich. Auch kam ich dahinter, dass die anderen Teammitglieder bei einem erfolgreichen Projektabschluss einen höheren Bonus erhalten. Offenbar haben diese Kollegen bei der Einstellung höher gepokert als ich oder sich einfach nur besser verkauft. Wären die Gehälter von vorneherein transparent, kämen solle Ungerechtigkeiten erst gar nicht zustande und ich wäre weniger demotiviert.

Parvin N., Beraterin bei einem IT-Dienstleister für die Finanzbranche

► **Handlungsempfehlung** Es ist vollkommen klar, dass Sie nicht von heute auf morgen die Gehälter aller Mitarbeiter ans Schwarze Brett hängen können, um in diesem Bereich die erforderliche Transparenz zu erzielen. Gehen Sie lieber in kleinen Schritten vor. So bietet es sich an, zunächst die Gehaltsspannen pro Berufsgruppen festzulegen und dann die Mitarbeiter darüber zu informieren, wer auf welcher Ebene wie viel Geld verdient. Ein weiterer sinnvoller Schritt könnte darin bestehen, die Anforderungen und Voraussetzungen offenzulegen, wie es ein Mitarbeiter auf die nächsthöhere Gehaltsstufe schafft.

3.6 Weg mit Bonussystemen

Obwohl von den Arbeitgebern als zentrales Motivationsinstrument für Fach- und -Führungskräfte konzipiert, erreichen Bonussysteme meist das genaue Gegenteil. So ist von vielen IT-Spezialisten die Klage zu hören, dass erfolgsabhängige Bezahlungen für sie eine einseitige Wette – und damit zutiefst demotivierend sind.

Mitarbeiterbefragungen belegen seit Jahren, dass die weitaus meisten Beschäftigten ihre Arbeitsmoral als „hoch“ einschätzen. Dies lässt sich jedoch kaum mit der Aufspaltung eines Plangehalts in einen fixen und leistungsbezogenen Anteil vereinbaren. Denn diese Aufteilung unterstellt, dass die Mitarbeiter ihrem Unternehmen einen Teil ihrer möglichen Arbeitsleistung vorenthalten und nur über ein spezielles Anreizsystem dazu gebracht werden können, sich besonders anzustrengen. Nicht nur, dass diese Annahme die eigene Wahrnehmung von Mitarbeitern in Zweifel zieht, sich voll und ganz für ihren Job einzusetzen: Da jeder Mitarbeiter damit rechnet, dass der Bonus fest zu seinem Gehalt gehört, wird er es immer als abwertend und ungerecht empfinden, wenn ihm dieser Anteil vorenthalten wird (Sprenger 2014).

Hinzu kommt, dass in die Bonus-Berechnungen weitaus mehr Faktoren einfließen als nur die individuellen Zielvereinbarungen, zum Beispiel die Verkaufs- oder Umsatzzahlen, die bestimmten Markteinflüssen unterliegen, für die die betroffenen Mitarbeiter gar nicht verantwortlich sind. Auch können unternehmensinterne Erwägungen ausschlaggebend für unangemessene Deckelungen der Bonus-Zahlungen sein: „Ich hatte das Jahr meines Lebens und bekam nur 105 % Zielerreichung attestiert. Mein Chef meinte achselzuckend, er wolle keinen Unfrieden im Team stiften“, gibt Karrierecoach Heidi Stopper ihre Erfahrungen aus Gesprächen mit frustrierten Führungskräften wieder (Stopper 2015).

Ein Praxisbeispiel

Die SAP-Beratungsgesellschaft H. in München zahlt ihren Fach- und Führungskräften seit einigen Jahren generell keine Bonus-Anteile mehr. Den Anstoß zur Umstellung auf reine Fixgehälter gab die Erfahrung, dass sich die Mitarbeiter früher mehr auf das Erreichen ihres variablen Einkommensanteils konzentrierten, als sich um die Bedürfnisse der Kunden und den Wettbewerb zu kümmern. Dies führte unter anderem dazu, dass viele Vertriebsmitarbeiter zu Geschäftsjahresende fieberhaft versuchten, noch alle möglichen Vertragsabschlüsse hereinzuholen – auch wenn dies nicht unbedingt zum Vorteil des eigenen Arbeitgebers war, etwa weil keine ausreichenden Personalkapazitäten zur Verfügung standen. Heute hingegen ist deutlich zu spüren, dass die Qualität der Arbeit, die Teamorientierung und der Gesamterfolg des Unternehmens im Vordergrund stehen. Die Mitarbeiter nehmen sich Zeit für Problemlösungen und haben Spaß daran, sich im Rahmen des garantierten Festgehalts für die Unternehmensziele einzusetzen und beständig weiterzuentwickeln.

► **Handlungsempfehlung** Verabschieden Sie sich von Bonus-Systemen – gleichgültig, wie hoch der Anteil an festen und variablen Gehaltsanteilen auch sein mag. Das Zahlen von Festgehältern erspart ihrem Unternehmen nicht nur erheblichen Aufwand für die Definition individueller Zielvereinbarungen und die Berechnung entsprechender Bonus-Anteile. Sie werden auch von Mitarbeitern profitieren, die sich nicht vorrangig an den Anforderungen ihres persönlichen Bonus-Plans, sondern am Nutzen ihrer Arbeit orientieren. Zudem vermeiden Sie Ungerechtigkeiten und Enttäuschungen, die mit variablen Bonus-Systemen unvermeidbar verbunden sind und bis zur inneren Kündigung von Mitarbeitern führen können.

3.7 Warum nur Standardgehalt?

Obwohl das Rennen um geeignete IT-Spezialisten in vielen Fällen über das Gehalt entschieden werden dürfte, scheint ein Großteil der in diesem Bereich Beschäftigten mit ihrem aktuellen Verdienst nicht zufrieden zu sein. So ergab eine Umfrage unter 288 SAP-Fach- und Führungskräften, dass sich mehr als 67 % in den kommenden 5 Jahren eine Gehaltssteigerung zwischen 11 und 30 % erhoffen. Fast 14 % der Befragten möchten sogar noch mehr an Verdienst zulegen. Damit sind über 80 % der Studienteilnehmer der Meinung, dass sie sich an ihrem Arbeitsplatz deutlich unter Wert verkaufen (Rechsteiner 2015).

Tatsächlich ist in den Endverhandlungen mit den Kandidaten oft zu beobachten, dass die IT-Unternehmen versuchen, unter den geforderten Zielgehältern zu bleiben. Die Signalwirkung ist fatal: Zwar möchten diese Arbeitgeber hoch motivierte Spitzenkräfte anlocken, sind aber nicht bereit, sie über den Standard hinaus zu bezahlen. Dabei kann einem IT-Unternehmen eine solche Knausrigkeit teuer zu stehen kommen, etwa wenn es ihm nicht gelingt, die richtigen IT-Führungskräfte an Bord zu holen. So schätzen Fachleute die direkten und indirekten Kosten einer Fehlbesetzung auf Top-Management-Ebene dreimal so hoch ein wie das damit verbundene Jahresgehalt. Darüber hinaus leidet das Image von IT-Unternehmen, wenn sie nicht bereit sind, in qualifizierte Mitarbeiter zu investieren.

Ein Praxisbeispiel

Neulich musste ich bei Vertragsverhandlungen mit einem SAP-Systemhaus eine böse Überraschung erleben. Ich hatte mich als Senior-Berater im Bereich SAP Qualitätsmanagement beworben und als Gehaltsvorstellung 78.000 € jährlich angegeben. Da ich sehr viele Erfahrungen und Kompetenzen aufweisen kann, wurde ich schon nach kurzer Zeit zu zwei persönlichen Gesprächen eingeladen, die so positiv verliefen, dass ich am liebsten gleich bei der neuen Firma angefangen hätte. Auch das Unternehmen war begeistert – bot mir jedoch nur 74.000 € jährlich an, da das Gehaltsgefüge nicht gesprengt werden dürfe. Natürlich habe ich abgesagt. Was hätte es dem Unternehmen denn schon ausgemacht, mir mein Wunschgehalt zu bezahlen? Jetzt habe ich erfahren, dass die Beraterstelle dort noch immer vakant ist – ein Riesenverlust für das Systemhaus, da die entsprechenden Kundenprojekte einfach nicht besetzt werden können!

Karl-Ludwig G., Senior-Berater im Bereich SAP Qualitätsmanagement

▶ **Handlungsempfehlung** Wer schon einmal einen sehr guten Mitarbeiter wegen ein paar Tausend Euro mehr Jahresgehalt an einen Wettbewerber verloren hat, weiß, wie ärgerlich das ist. Daher sollten Sie Ihren IT-Experten ruhig etwas mehr gewähren als die Konkurrenz. Auch empfiehlt es sich, einem Bewerber ein um einige Prozentpunkte höheres Gehalt zu zahlen, als ursprünglich von ihm gefordert. Während ein IT-Unternehmen diesen Mehrbetrag problemlos verkraften kann, stellt er für neue Mitarbeiter ein wichtiges Zeichen Ihrer Wertschätzung dar. Außerdem spricht sich ein solcher finanzieller Vertrauensvorschuss schnell in der Branche herum und leistet dadurch einen wichtigen Beitrag zu Ihrem Employer Branding.

Führungsmodelle

4

Der spürbare Trend zu mehr Demokratie und Mitbestimmung in den IT-Unternehmen verändert auch die Rolle der Vorgesetzten. „Ist die Führungskraft noch Chef oder Diener eines selbstständigen Teams?“ fragt Tobias Kämpf, Wissenschaftler am Institut für Sozialwissenschaftliche Forschung (ISF) in München, angesichts dieser Entwicklung, die von virtuellen Arbeitsformen noch beschleunigt wird (Weidner 2015).

In den folgenden Kapiteln ist zu lesen, wie IT-Unternehmen überflüssige Hierarchieebenen abbauen können. Ein Beispiel dafür sind neue Arbeitsmodelle wie das rollierende Führungsprinzip, das durch eine abwechselnde Teamleitung nicht nur dem Wunsch der Mitarbeiter nach mehr Mitbestimmung entgegenkommt, sondern auch die Erfolgschancen von Teamarbeit steigert. Denn Arbeitgeber versetzt die rollierende Führung in die Lage, die unterschiedlichen Kompetenzen der einzelnen Teammitglieder in bestimmten Projektphasen gezielt zu nutzen.

4.1 „Ober sticht Unter?“

Obwohl belegt ist, dass die Mitarbeiter auf dem Weg nach oben vor allem nach Freiheit und Selbstbestimmtheit streben (Sprenger 2014), dominiert in vielen Unternehmen noch immer das „Ober sticht Unter“-Prinzip. Dieses steht für die Grundstruktur der Macht in den Betrieben, also die Befehlskette von Vorgesetzten zu Untergebenen, in der Autorität prinzipiell mehr wiegt als Kompetenz, Position mehr als Erfahrung. Anders gesagt: Der Chef hat immer Recht und trifft Entscheidungen, die er nicht mit seinen Mitarbeitern zu diskutieren braucht, auch wenn diese offenkundig falsch sind und dem Unternehmenswohl mehr schaden als nutzen.

Dabei zeigen Studien, dass eine übergroße Bevormundung engagierte Mitarbeiter scharenweise zum Verlassen des Unternehmens bewegt *(Monster)*. Danach

F. Rechsteiner, *Erfolgreiches IT-Recruiting trotz Fachkräftemangel*, essentials,
DOI 10.1007/978-3-658-13158-6_4

werden kleine Fehler und Macken von Vorgesetzten zwar gerne akzeptiert. Wer aber immer wieder auf einen Betonkopf auf dem Chefsessel prallt, hört nicht nur auf, eigene Ideen zu entwickeln, sondern beginnt bald, sich nach neuen Herausforderungen und Perspektiven umzusehen. Dies trifft besonders auf die IT-Branche zu, deren Angehörige über stark nachgefragtes Spezialwissen verfügen. Gerade hier gehört ein übermäßiges Hierarchiedenken zu den schlimmsten Fehlern von Vorgesetzten. Diese sollten sich daher mehr auf die Kompetenz ihrer IT-Experten als auf das „Ober sticht Unter"-Prinzip verlassen.

Ein Praxisbeispiel

Jonas ist Senior-Berater bei einem Vertriebssoftware-Anbieter und ein angesehener Fachmann im Bereich der Preisfindung. Zusammen mit Lars, seinem Projektleiter und disziplinarischen Vorgesetzten, bestreitet er einen Kunden-Workshop, in dem es um einen komplexen Fall in der Preislisten-Konfiguration geht. Unter drei denkbaren Lösungen empfiehlt Jonas dem Kunden denjenigen Ansatz, der die größtmöglichen Vorteile verspricht. Gerade als sich der Kunde dem Vorschlag von Jonas anschließen will, mischt sich Lars ein und verwirft die Argumente seines Mitarbeiters grundlegend. Sein Lösungsansatz stellt eine 180-Grad-Wende dar, so empfindet es auch der Kunde. Was aber soll Jonas dagegen tun? „Ober sticht Unter" lautet die Devise, auch wenn Lars' Vorschlag die Projektanforderungen nicht optimal erfüllt. Würde Jonas jetzt dagegen halten, könnte er seine nächste Gehaltserhöhung bestimmt vergessen.

▶ **Handlungsempfehlung** Schaffen Sie die klassischen Befehlsketten in Ihrem Unternehmen ab und etablieren Sie eine Kompetenzhierarchie. Dies bedeutet: Feste Projektleiter sollten der Vergangenheit angehören. Stattdessen empfiehlt es sich, in der Projektleitung abzuwechseln und jeweils die IT-Experten dafür auszuwählen, die am meisten von der betreffenden Thematik verstehen. Da diese Projektleiter ihre Teams selbst zusammenstellen und nur zeitlich befristet am Ruder sind, entstehen Schwarm-Hierarchien mit individueller Dynamik, in die sich die Mitarbeiter weit mehr einbringen können als in die klassischen Führungsstrukturen mit autoritären Chefs.

4.2 Sorgen Sie dafür, dass Ihre Mitarbeiter mitarbeiten

Kompetenzhierarchien sind in der Start-up-Kultur bereits weit verbreitet und dort sehr erfolgreich. Ihr Ansatz liegt in der Bildung kleiner, selbstregulierender oder mit rollierenden, das heißt regelmäßig wechselnden Leitern ausgestatteten Teams, die aus maximal 25 Mitarbeitern bestehen und keine allwissenden Chefs an ihrer Spitze haben. Stattdessen wechselt die Projektleitung dynamisch zwischen den Beschäftigten, die sich mit einem Thema jeweils am besten auskennen. Jeder hat dabei die Chance, die Rollen zu wechseln.

Auch immer mehr IT-Anbieter erkennen, dass ihre Mitarbeiter wesentlich motivierter und leistungsbereiter sind, wenn sie selbstständig arbeiten können. Wer sich in hierarchischen Strukturen bewegt, neigt nämlich dazu, die Verantwortung an die nächsthöhere Instanz zu übertragen. Damit existiert immer eine Ausweichmöglichkeit, um Probleme nicht selbst lösen zu müssen. Wer hingegen als gleichberechtigtes Mitglied in einem Team arbeitet, muss zwar für sein Tun und Handeln geradestehen, gewinnt dabei aber die Freiheit und Selbstbestimmtheit, die sich Mitarbeiter wünschen.

Ein Praxisbeispiel

„Wie immer sitzen wir SAP-Projektleiter in unserem wöchentlichen Meeting zusammen, um über den Stand der aktuellen Kundenprojekte zu sprechen. Da ich erst seit wenigen Monaten im Unternehmen bin, verspüre ich in einigen Fragen noch Unsicherheit und bitte meine Kolleginnen und Kollegen um Rat. Als ich wissen will, wie ich das Projektteam eines Kunden dazu bewegen kann, die vereinbarten Meilensteine besser einzuhalten – fällt uns wieder einmal der Chef ins Wort, weil ihm die Erklärungen zu lange dauern. Er ist im Betrieb als notorischer Besserwisser bekannt, der seinen Mitarbeitern nicht zuhören kann und damit jede Motivation im Keim zerstört. Schade, denn eigentlich ist unser Team eine sehr ehrgeizige Mannschaft, die unter konstruktiven Bedingungen sehr viel produktiver arbeiten könnte."

Matthias R., SAP-Projektleiter in einem internationalen IT-Beratungshaus

► **Handlungsempfehlung** Zeigen Sie Mut und schaffen Sie in Ihrem IT-Unternehmen die Rahmenbedingungen für eine Kompetenzhierarchie! Beginnen Sie mit kleinen Schritten und bilden Sie selbstregulierende Teams oder etablieren Sie neue Führungsmodelle wie den rollierenden Teamleiter. Lassen Sie die Mitarbeiter in Workshops die neuen Führungsformen selbst erarbeiten, etwa unter dem Motto „Selbstbestimmtes Arbeiten – weg mit überkommenen Hierarchien!" Je mehr Sie dabei auf eine offene Kommunikation und gemeinsam erarbeitete Lösungen achten, desto schneller können Sie die neuen Arbeitsmodelle in Ihrem Unternehmen etablieren. Wenn sich erst einmal herumspricht, wie viel mehr Motivation durch gleichberechtigtes Arbeiten im Team entsteht, werden weitere Teams folgen. Damit etabliert sich das neue Führungsmodell wie von selbst in Ihrem Unternehmen... Step by Step.

Neue Optionen für attraktive IT-Arbeitgeber

5

Obwohl die Konkurrenz auf dem Bewerbermarkt immer größer wird, verschenken viele IT-Unternehmen bei der Personalgewinnung und -bindung wertvolle Punkte. Dies reicht von Außendarstellungen, die jegliche Individualität und Originalität vermissen lassen, über unklar formulierte Stellenprofile bis hin zu überlangen Recruiting-Prozessen, die dazu führen, dass interessante Bewerberinnen und Bewerber wieder abspringen. Hinzu kommen Fehler und Versäumnisse bei der Bemühung, die einmal gewonnenen IT-Experten langfristig bei der Stange zu halten.

In den folgenden Kapiteln erhalten Sie Tipps, wie Sie Ihre Attraktivität als IT-Arbeitgeber steigern und Recruiting-Prozesse durch ein effektives Zeitmanagement straffen können. Um unliebsame Fluktuationen zu vermeiden, sollten Unternehmen ihren IT-Spezialisten weitreichende Entscheidungsspielräume und Möglichkeiten zu einer vernünftigen Einteilung ihrer Ressourcen gewähren.

5.1 Recruiting nach dem Deadline-Prinzip

Während das Arbeiten nach dem Deadline-Prinzip im (IT)-Projektmanagement längst als Standard gilt, sieht es bei der Personalgewinnung in Deutschland noch ganz anders aus. Zwar existieren in den Unternehmen meist konkrete Vorstellungen, zu welchem Zeitpunkt ein neuer Mitarbeiter starten soll, doch verzögern sich viele Recruiting-Prozesse über Gebühr, weil viele Manager total überlastet sind – Kundentermine gehen eben immer vor. So müssen interessante Bewerberinnen und Bewerber, die etwa von einem Personalberater vorgeschlagen wurden, oft mehr als zwei Wochen auf das erste Telefoninterview und dann weitere zwei Wochen auf ein persönliches Gespräch mit den zuständigen Managern warten. Es vergeht also zunächst einmal ein ganzer Monat mit Warten. In der Folge springen viele

F. Rechsteiner, *Erfolgreiches IT-Recruiting trotz Fachkräftemangel,* essentials,
DOI 10.1007/978-3-658-13158-6_5

Kandidaten wieder ab, weil ihnen die Prozesse einfach zu lange dauern oder sie zwischenzeitlich eine andere attraktive Stelle gefunden haben.

Ein Praxisbeispiel

„Wieder einmal stehe ich vor dem Problem, dringend neue IT-Experten einstellen zu müssen, weil meiner IT-Abteilung die Arbeit gewaltig über den Kopf wächst. Doch finde ich aufgrund des großen Arbeitspensums keine Zeit, um in Ruhe die eingegangenen Bewerbungen zu sichten und geeignete Kandidaten zum näheren Kennenlernen auszuwählen. So beißt sich die Katze wie schon so oft in den Schwanz, wenn es um ein effektives Recruiting geht. So positiv es für unser Unternehmen auch ist, ständig neue Kundenprojekte hinzuzugewinnen, so zunehmend schwierig wird es, zeitnah zu reagieren und Termine fristgerecht einzuhalten. Gerade im Bereich der Personalgewinnung sind die Folgen fatal."

Peer A., Abteilungsleiter bei einem E-Commerce-Lösungsanbieter

► **Handlungsempfehlung** Nehmen Sie sich ein Vorbild am Personalrecruiting „made in USA". Hier werden die Manager von ihrer Geschäftsführung dazu verpflichtet, zu neuen Kandidaten schon innerhalb von 36 h eine erste Stellungnahme gegenüber der HR-Abteilung abzugeben. Darüber hinaus müssen sich die Führungskräfte zum Beispiel den Freitag als so genannten Recruiting-Day frei halten. Das heißt sie müssen an diesem Tag im Büro sein und bestimmte Zeitfenster für Kandidatengespräche reservieren.

Ein gezieltes Zeitmanagement hilft Ihren Managern, solche Terminvorgaben einzuhalten. Gerade Führungskräfte profitieren von Weiterbildungsangeboten, die sie mit bewährten Zeitmanagement-Methoden wie dem Pareto-Prinzip zur Priorisierung von Aufgaben vertraut machen. Dieses Prinzip geht davon aus, dass man durch 20 % der Aufgaben 80 % der Ergebnisse erzielt. Daher sollten sich die Manager – wie die anderen Mitarbeiter – auf die wichtigsten Aufgaben konzentrieren, die den wertvollsten Beitrag leisten, statt unnütze Zeit in die sorgfältige Erledigung von Nebensächlichkeiten zu stecken. Dazu ist es notwendig, seine Arbeit ständig zu analysieren und zu bewerten, welche Aufgaben die schnellsten und besten Erfolge bringen (Krengel 2013) (Abb. 5.1).

Als weitere wichtige Bausteine für ein erfolgreiches Zeitmanagement im Projektalltag mit Kunden und Auftraggebern empfiehlt sich (Greisle 2012)

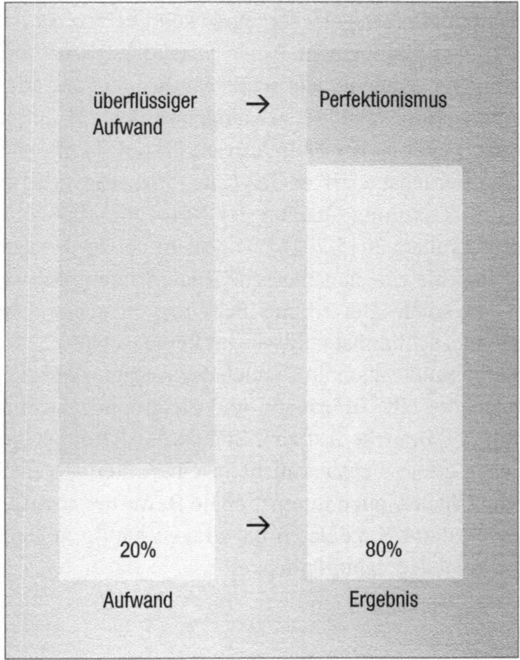

Abb. 5.1 Das Pareto-Prinzip: Mit weniger Aufwand zu mehr Erfolg

- Zwischenziele und Meilensteine setzen
- Spielräume und Puffer einplanen
- Plan B für schwierige Situationen
- Mut zur Lücke: Irgendwo da draußen ist immer noch eine wichtige Information. Liegenlassen.
- Ermöglichen von konzentriertem Arbeiten
- Das Rad nicht neu erfinden
- Erwartungen am Anfang vollständig klären und zu 100 % erfüllen
- Keine stillschweigende Akzeptanz unrealistischer Anforderungen und Fristen

5.2 Wie sich Unternehmen optimal bei IT-Kandidaten bewerben

Neben der oft langen Bearbeitungs- und Entscheidungsdauer gibt es noch eine Reihe weiterer Defizite, die Unternehmen bei der Personalgewinnung erkennen lassen. So würden Bewerber in einem Vorstellungsgespräch teilweise unhöflich behandelt und zu ihrem Lebenslauf mit Fragen gelöchert, umgekehrt verrate der Arbeitgeber nichts über sich selbst, klagen viele Arbeitnehmer. Die Folge: Noch nie haben so viele Kandidaten ein Angebot abgelehnt wie heute, nämlich 50:50 % (Hamann 2014).

Besonders negativ wirkt sich dies bei Mangelprofilen aus, auf denen ein Arbeitnehmermarkt herrscht, wie in der IT-Industrie. Speziell in dieser Branche kommt ein spürbarer Optimierungsbedarf in der Kategorie „Bewerberresonanz" hinzu, wie eine Studie zur Recruiting-Qualität der 514 Top-Arbeitgeber Deutschlands herausfand (Best Recruiters 2015/2016). Vor allem bei der Bewerbung mit einem Social-Media-Profil fehle eine angemessene Rückmeldung: Entweder akzeptieren IT-Unternehmen eine solche Bewerbung nicht oder sie geben dem Absender eine wenig wertschätzende, schlimmstenfalls sogar keine Antwort.

Mängel macht die Studie auch im Bereich der Karriere-Websites der IT-Arbeitgeber aus. Zwar gehöre eine informativ und zielgruppengerecht gestaltete Karriere-Website in der IT-Branche fast zum Standard. Allerdings bieten die weitaus meisten Arbeitgeber diese Websites nicht in einer alternativen Sprache an und vergeben damit die Chance, auch internationale Bewerber anzusprechen. Darüber hinaus finden interessierte Kandidaten bei Fragen häufig keinen konkreten Ansprechpartner und keine Kontaktmöglichkeit.

Ein Praxisbeispiel

Ein Nischenanbieter von Business-Intelligence (BI)-Lösungen für die Logistikbranche sucht einen Leiter für eine neue Business Unit (BU). Da in diesem Bereich ein enormer Fachkräftemangel herrscht, kommt es dem Unternehmen zugute, dass es seit geraumer Zeit eine spezielle, thematisch auf die eigenen Bedürfnisse zugeschnittene Suchplattform unterhält, die weit über die Funktionen einer klassischen Karriere-Website hinausreicht. So finden interessierte Kandidaten hier nicht nur die aktuellen Stellenangebote und Informationen des BI-Anbieters, sondern haben auch die Möglichkeit, ihre Karrierewünsche in Form eines Zukunftsprofils konkret zu äußern. Im Laufe der Zeit hat das Unternehmen auf diese Weise eine Warteliste von über 200 IT-Experten angesammelt, die unter Umständen gerne bei ihm arbeiten würden.

Aus diesem Pool werden nun automatisch die Kandidaten herausgefiltert, die für die neue BU-Leiterstelle geeignet sein könnten. Als dann noch der Geschäftsführer das Auswahlverfahren zur Chefsache erklärt und eigenhändig für ein schnelles Entscheidungsverfahren sorgt, kann die neue Leiterstelle in kürzester Zeit mit einer geeigneten BI-Expertin besetzt werden. Auch die Kandidatin zögert keine Sekunde, das Jobangebot anzunehmen. Denn sie hat durch die individuellen und zügigen Recruitingprozesse so viel Wertschätzung erfahren, dass sie sicher ist, den richtigen Arbeitgeber gefunden zu haben.

▶ **Handlungsempfehlung** Legen Sie auf eine Karriere-Website wert, die nicht nur die Informationsbedürfnisse potenzieller Bewerber berücksichtigt, sondern auch angemessene Kontakt- und Kommunikationsmöglichkeiten bietet, und zwar neben deutscher auch in englischer Sprache. Ideal sind Online-Plattformen, auf denen Kandidaten ihr Interesse an einer Stelle in Ihrem Unternehmen selbst bekunden und dabei ihre konkreten Anforderungen nennen können, zum Beispiel was Standort, Geschäftsbereich, Gehalt, Home Office, Führungsposition oder Aufstiegschancen betrifft. Dies vereinfacht im Bedarfsfall Ihre Auswahl enorm. Erklären Sie die Bewerberauswahl zumindest in gehobenen Positionen zur Chefsache und sorgen Sie dafür, dass in den Vorstellungsgesprächen auch von Ihrer Seite aus der richtige Ton und die Verbindlichkeit herrschen, die Sie auch von Ihren Kandidaten erwarten.

5.3 Eine Frage der Balance

Die Weltgesundheitsorganisation WHO zählt beruflichen Stress zu den größten Gefahren des 21. Jahrhunderts. Immer mehr Arbeitnehmer klagen über Burn-out-Syndrome, Depressionen und körperliche Erkrankungen, verursacht vor allem durch die Tatsache, dass sie immer mehr Arbeit in kürzerer Zeit erledigen müssen und die Grenze zwischen Arbeit und Freizeit zunehmend verschwimmt. Denn immer öfter erwarten Unternehmen, dass ihre Mitarbeiter auch nach Feierabend und am Wochenende erreichbar sind – begünstigt durch Internet und mobile Endgeräte.

Besonders betroffen von beruflichem Stress sind die Angehörigen der IT-Branche, die von ständig wechselnder Projektarbeit geprägt ist. Zwischen 20 und 40 % der IT-Spezialisten weisen Anzeichen von psychischer Erschöpfung auf, fand die Psychologin Anja Gerlmaier vom Institut Arbeit und Qualifikation (IAQ) der Universität Duisburg-Essen in einer Studie heraus. Als wesentliche Gründe gelten die zahlreichen Unwägbarkeiten, die heute ein IT-Projekt mit sich bringt: wie unklare Anforderungen an die Anwendung, Zeit- und Kostendruck, Zusammenarbeit mit verschiedenen Freiberuflern, Herstellern und IT-Dienstleistern, die Auslagerung der Entwicklertätigkeiten nach Russland oder China, Probleme mit Hardware oder Software sowie sich ändernde Kundenwünsche (Dobe 2015).

Die Unvorhersehbarkeit der IT-Projekte führt oft zu langen Arbeitszeiten, für die die Projektmitarbeiter erhöhte Energien aufbringen müssen, ohne gleichzeitig ihre Ressourcen wieder auffüllen zu können. Verstärkt leiden die Teamleiter unter psychischer Erschöpfung, da sie zusätzlich zu ihren Koordinationsaufgaben operative Tätigkeiten übernehmen müssen, wenn Not am Mann ist, um ihre Mitarbeiter zu entlasten.

Ein Praxisbeispiel

Kurt ist seit zwei Jahren als Systemarchitekt bei einem internationalen IT-Dienstleister tätig. Immer wieder musste er in dieser Zeit erleben, dass IT-Projekte aus dem Ruder laufen und damit jede vernünftige Planung über den Haufen werfen. Als besonders belastend empfindet es Kurt, wenn die ohnehin schon sehr hohe Arbeitsbelastung mit widersprüchlichen Projektanforderungen zusammenkommt und mit wenig Entscheidungsspielraum, hohem Zeitdruck und zu kurzen Pausen verbunden ist. Hinzu kommt, dass die Arbeit in solchen „Katastrophenprojekten" wenig Anerkennung mit sich bringt und er immer wieder die Aggressionen von Kunden aushalten muss.

▶ **Handlungsempfehlung** Um IT-Fach- und -Führungskräfte vor Überarbeitung und Burn-out zu bewahren, sollten die Arbeitgeber Strategien entwickeln, um die Ressourcen besser zu nutzen und die gesundheitliche Balance ihrer Mitarbeiter zu bewahren. Dazu gehört die Festlegung von Blockzeiten, in denen jedes Teammitglied einige Stunden in Ruhe arbeiten kann, ohne etwa durch Anrufe oder Meetings gestört zu werden. Darüber hinaus sollten regelmäßige Pausenrituale eingeführt werden, damit sich die Mitarbeiter vom aktuellen Arbeitsstress erholen können.

Für einen reibungslosen Projektablauf empfiehlt es sich, dass sich die Verantwortungsbereiche der Mitarbeiter überlappen. Nur so lässt sich wirksam verhindern, dass ein IT-Experte überbeansprucht wird, falls sein Fachwissen in unterschiedlichen Projekten benötigt wird. Darüber hinaus sollte die Arbeitsbelastung im Team regelmäßig thematisiert werden, etwa im Rahmen wöchentlicher Meetings. Stellt sich dabei heraus, dass ein Mitarbeiter überlastet und von Burn-out bedroht ist, empfiehlt es sich für Führungskräfte, die Aufgaben schleunigst zu priorisieren und Tätigkeiten zu verlagern.

5.4 Werben Sie mit Selbstverständlichkeiten oder Dingen, die Sie von anderen Unternehmen unterscheiden?

„Herausfordernde Projekte, Top-Kunden und ein angenehmes Betriebsklima": Dies sind nur einige der zahlreichen Floskeln, mit denen viele IT-Arbeitgeber um geeignete Kandidaten werben. Während in Marketing und Vertrieb längst die Leistungsmerkmale herausgearbeitet wurden, durch die sich das eigene Angebot deutlich vom Wettbewerb abhebt (Unique Selling Points – USP), präsentiert sich ein großer Teil der Firmen bei der Personalgewinnung noch nahezu identisch. Wenig überzeugend wirkt es in diesem Zusammenhang, auf Selbstverständlichkeiten, wie eine gute Marktposition, eine starke Kundenorientierung oder hohe Produktqualität, hinzuweisen. Auch werden in vielen Fällen die Jobanforderungen und die Vorteile für die Mitarbeiter nicht aussagekräftig genug formuliert, sondern verharren im Allgemeinen, wie das Beispiel „eines leistungsbezogenen Gehalts und der üblichen Sozialleistungen" zeigt (El-Saghir 2015).

Ein Praxisbeispiel

In einem SAP-Systemhaus in Hamburg ist die Stelle eines Bereichsleiters neu zu besetzen. Da diese Position von zentraler Bedeutung für den Geschäftserfolg ist, hält Jana, die Personalchefin, nach einem Top-Kandidaten Ausschau, der das Zeug hat, um als Unternehmer im Unternehmen zu wirken. In Gerhard, einem international erfahrenen Manager, scheint der ideale Bewerber gefunden zu sein. Dies zeigt sich zunächst auch bei den Telefoninterviews, die Jana mit Gerhard führt. Kritisch allerdings wird es, als Gerhard die Personalchefin fragt, warum er gerade bei ihrem Unternehmen tätig werden soll: „Was können Sie mir bieten, was ich woanders nicht bekomme?" Da es das SAP-Systemhaus bis dahin versäumt hat, eine geeignete Arbeitgebermarke zu entwickeln, muss sich Jana in Allgemeinplätze flüchten. So erzählt sie von den zahlreichen DAX-Unternehmen und internationalen Firmen, die das Unternehmen zu seinen Kunden zählt – ganz zu schweigen vom unvergleichlichen Teamgeist, der in ihrer Firma herrscht. Doch Gerhard winkt schnell ab – zu oft hat er ähnliche Phrasen schon von anderen IT-Arbeitgebern gehört.

▶ **Handlungsempfehlung** Formulieren Sie Ihre Alleinstellungsmerkmale als IT-Arbeitgeber und finden Sie heraus, was Sie potenziellen Mitarbeitern konkret anzubieten haben. Dazu gehört, dass Sie eine HR-Strategie entwickeln, die mit den Unternehmenszielen übereinstimmt und den Bewerbern klare Perspektiven für ihre berufliche Weiterentwicklung bietet. Entwicklungsmöglichkeiten und Perspektiven auf einer bestimmten Position sollten mit konkreten Beispielen unterlegt sein. Liefern Sie den Bewerbern wichtige Informationen über die Kultur in Ihrem Unternehmen und formulieren Sie die Jobanforderungen so präzise, dass sich die Kandidaten mit ihrem Profil und ihren Karriereambitionen tatsächlich wiederfinden können. Interessant ist es für die Bewerber auch, ob sie mit flexiblen Arbeitszeiten oder Home-Office-Möglichkeiten rechnen können. Machen Sie deutlich, welche

Softskills Sie von den künftigen Mitarbeitern konkret erwarten – Teamfähig- und Belastbarkeit sind oft gebrauchte Floskeln mit nur geringer Aussagekraft.

5.5 Wichtig: Freiheit und Spielräume auch für die IT-Mitarbeiter

Dass es die Produktivität von IT-Unternehmen steigert, wenn die Mitarbeiter selbst bestimmen können, wann und wo sie ihre Aufgaben erledigen, wurde bereits in einem früheren Kapitel behandelt (3.2. Feste Arbeitszeitmodelle sind out). Mehr Freiheit bedeutet mehr Leistung. Weiter verbessern lässt sich dieses Ergebnis, wenn die Mitarbeiter zudem mehr Spielraum für eigene Entscheidungen erhalten. Dies zeigen Erfahrungen mit dem „Results-Only Work Environment"-Konzept (ROWE), das die strikte Aufgaben- und Ergebnisorientierung im Rahmen des vertrauensbasierten Arbeitsplatzes in den Mittelpunkt rückt. Dazu gehört beispielsweise, dass die Mitarbeiter möglichst die gesamte Prozesskette mitgestalten können und für einen festen Kundenstamm zuständig sind.

Die Vorteile des ROWE-Konzepts sind in der Praxis belegt: So erhöhen Firmen, die ihren Mitarbeitern mehr Flexibilität, Freiheitsgrade und Selbstbestimmungsmöglichkeiten einräumen, die eigene Wirtschaftlichkeit um bis zu 40 % und die Arbeitszufriedenheit ihrer Beschäftigten um bis zu 85 %, während die Fluktuations- und Fehlzeitenquoten signifikant sinken und die Bindungsbereitschaft der Mitarbeiter ans Unternehmen wächst. Davon profitieren auch die Kunden (Pabst 2011).

Ein Praxisbeispiel

Rudolf ist Geschäftsführer eines internationalen Anbieters für IT-Monitoring-Software, der sich seit Jahren eines stetigen Umsatzwachstums erfreut. Gerade angesichts dieses ausgewiesenen Unternehmenserfolgs ist es Rudolf leid, sich ständig mit dem Thema Reisekosten auseinandersetzen zu sollen. Auch fällt für die zuständige Abteilung jeden Monat viel Routinearbeit für die Prüfung und Abrechnung dieser Kosten an, die sie sinnvoller für strategische Aufgaben verwenden könnten. Daher trifft Rudolf eine Entscheidung, die ihm zunächst nicht leichtfällt: Er stattet die betreffenden IT-Spezialisten mit Firmenkreditkarten für die Reisekostenabrechnung aus. Jegliche Kontrolle in diesem Bereich gehört der Vergangenheit an. Bald zeigt sich, dass sich Rudolfs Vertrauensvorschuss auszahlt: Zwar steigen die Reisekosten erst einmal geringfügig an, sinken dann aber in wenigen Monaten sogar unter die in der Vergangenheit erreichte Höhe. Die IT-Spezialisten danken ihrem Arbeitgeber die neu gewonnene Freiheit mit einem erhöhten Verantwortungsbewusstsein.

► **Handlungsempfehlung** Da das ROWE-Konzept von vielen IT-Arbeitgebern ein grundsätzliches Umdenken erfordert, bedarf es einer Reihe struktureller Anpassungsprozesse. Zur Einführung empfiehlt es sich zunächst, gemeinsam mit Geschäftsführung, Personalleitung, Führungskräften und dem Betriebsrat einen Pilotbereich festzulegen. In einem zweiten Schritt sollten Maßnahmen und Instrumente zur Umsetzung des ROWE-Konzepts entwickelt werden. In Workshops und Trainings lernen Führungskräfte, wie sie die Mitarbeiter wirksam coachen und mit ihnen sinnvolle Ergebnisvereinbarungen treffen können. Den Mitarbeitern selbst müssen Selbstmanagement- und Planungskompetenzen vermittelt werden, damit sie sich gebührend auf die neue Arbeitsweise einstellen können. Wichtig ist es auch, ein Controlling einzuplanen, um die Ergebnisse des Veränderungsprozesses systematisch beurteilen zu können. Erst wenn die Erfolge belegbar sind, sollte das ROWE-Konzept auf weitere Unternehmensbereiche übertragen werden.

6 Fazit

Wie die Ausführungen zeigen, sind IT-Unternehmen bei der Gewinnung und Bindung hoch qualifizierter Mitarbeiter mit einer Reihe Herausforderungen konfrontiert, die ein Umdenken in Personalpolitik und Personalmarketing erfordern. Neue Konzepte und Strategien sind gefragt, um den steigenden Ansprüchen einer Berufsgruppe zu entsprechen, die zu den größten Gewinnern des viel zitierten Wettbewerbs um die besten Köpfe zählt.

Dies hat seinen Grund in der stark steigenden Bedeutung der Informationstechnologie. So wuchsen nach Angaben des Bitkom-Branchenverbands die Umsätze im deutschen IT-Markt 2015 voraussichtlich um 2,4 % auf 79,7 Mrd. € – ein deutlich größeres Umsatzplus, als es die Gesamtwirtschaft verzeichnete (Bitkom 2014). Auch trugen die wachsenden Beschäftigtenzahlen in den IT-Unternehmen dazu bei, dass die IT- zusammen mit der Telekommunikationsbranche mit fast 1 Mio. Beschäftigten heute den zweitgrößten industriellen Arbeitgeber in Deutschland darstellt, nur knapp hinter dem Maschinenbau (Bitkom 2015). Durch den demografischen Wandel wird der Wettbewerb um IT-Spezialisten weiter verstärkt.

IT-Arbeitgeber sind daher gut beraten, angemessen auf die Wünsche und Bedürfnisse von Bewerberinnen und Bewerber zu reagieren, die die verbreiteten Forderungen nach modernen Arbeitsformen noch selbstbewusster vertreten als andere Berufsgruppen. Starre „Nine-to-five"-Modelle und Hierarchiestrukturen haben in der IT-Branche mehr als anderswo ausgedient.

Zu den wichtigsten Handlungsempfehlungen an IT-Geschäftsführer, IT-Führungskräfte, Human Resources Manager und HR-Verantwortliche zählen:

- Sorgen Sie dafür, dass Ihre IT-Spezialisten eigenbestimmt und selbstverantwortlich arbeiten können und ihre Erfolge und Leistungen entsprechend gewürdigt werden, Stichwort: Wertschätzung statt Wertschöpfung.

F. Rechsteiner, *Erfolgreiches IT-Recruiting trotz Fachkräftemangel,* essentials,
DOI 10.1007/978-3-658-13158-6_6

- Bieten Sie flexible Zeit- und Arbeitsmodelle an, um Ihren Mitarbeitern eine familienbewusste und lebensphasenorientierte Karriereplanung zu ermöglichen. Die Vereinbarkeit von Beruf und Privatleben hat in der deutschen Wirtschaft eine steigende Bedeutung.
- Legen Sie Wert darauf, dass in Ihrem Unternehmen Weiterbildung großgeschrieben wird. Dabei sollten Sie keinesfalls auf das Gießkannen-Prinzip setzen, sondern individuelle Coachings anbieten, die auf die Lernmethoden und Lernziele der einzelnen IT-Experten zugeschnitten sind.
- Entwickeln Sie transparente und leistungsgerechte Vergütungssysteme, auf deren Basis Sie Ihren Mitarbeitern ruhig etwas höhere Gehälter zahlen als die Konkurrenz, um Ihre Wertschätzung auszudrücken. Verabschieden Sie sich von Bonussystemen, da es jeder Mitarbeiter als abwertend empfinden wird, wenn ihm variable Anteile vorenthalten werden.
- Etablieren Sie neue Führungsmodelle, um der Forderung nach mehr Demokratie in den Unternehmen zu entsprechen. Mit dem Prinzip des rollierenden Teamleiters beispielsweise fördern Sie die betriebliche Mitbestimmung und profitieren gleichzeitig davon, die unterschiedlichen Kompetenzen der Teammitglieder in bestimmten Projektphasen gezielt nutzen zu können.
- Entwickeln Sie eine gute Arbeitgebermarke, indem Sie Ihre Alleinstellungsmerkmale formulieren und Ihren Bewerbern klare Perspektiven für die berufliche Weiterentwicklung bieten. Optimieren Sie Ihre Recruiting-Prozesse und lassen Sie Ihre Bewerberinnen und Bewerber nicht wochenlang auf eine Antwort warten, wie leider oft in Deutschland üblich.

Quellenverzeichnis

Bakir D (2015) Fünf Gründe, warum der Lohn der Kollegen nicht geheim sein sollte. http://www.stern.de/wirtschaft/job/gesetz-fuer-transparente-gehaelter-warum-der-lohn-der-kollegen-nicht-geheim-sein-sollte-5939340.html. Zugegriffen: 13. Dez. 2015

Best Recruiters (2015/2016) http://www.careernet.at/cms/upload/BR_PA_GER_1516.pdf. Zugegriffen: 22. Dez. 2015

Bitkom (2014) Deutscher IT-Markt wächst 2015 um 2,4 Prozent. https://www.bitkom.org/Presse/Presseinformation/Deutscher-IT-Markt-waechst-2015-um-24-Prozent.html. Zugegriffen: 12. Jan. 2016

Bitkom (2015a) Fast 1 Million Beschäftigte in der ITK-Branche. https://www.bitkom.org/Presse/Presseinformation/Fast-1-Million-Beschaeftigte-in-der-ITK-Branche.html. Zugegriffen: 12. Jan. 2015

Bitkom (2015b) IT-Unternehmen stellen verstärkt Hochschulabsolventen ein. https://www.bitkom.org/Presse/Presseinformation/IT-Unternehmen-stellen-verstaerkt-Hochschulabsolventen-ein.html. Zugegriffen: 12. Jan. 2016

Dobe B (2014) Falle Fachkarriere? http://www.cio.de/a/falle-fachkarriere,2973447. Zugegriffen: 11. Nov. 2015

Dobe B (2015) IT-Projekte machen krank. http://www.cio.de/a/it-projekte-machen-krank,2977413. Zugegriffen: 23. Dez. 2015

El-Saghir J (2015) Wann ist eine Stellenanzeige spannend? 6 Tipps, wie Sie potenzielle Kandidaten überzeugen. http://blog.germanpersonnel.de/2015/10/13/wann-ist-eine-stellenanzeige-spannend-6-tipps-wie-sie-potentielle-kandidaten-ueberzeugen/. Zugegriffen: 7. Jan. 2016

Forsa (2015) Umfrage zu Transparenz von Löhnen und Gehältern. http://www.t-online.de/nachrichten/deutschland/id_73479264/loehne-und-gehaelter-60-prozent-der-deutschen-fuer-transparenz.html. Zugegriffen: 5. Nov. 2015

Fraunhofer-IAO (2012) Chronobiologische Arbeitsgestaltung. http://wiki.iao.fraunhofer.de/index.php/Chronobiologische_Arbeitsgestaltung. Zugegriffen: 16. Dez. 2015

Frey D (2015) Wertschöpfung entsteht durch Wertschätzung. http://www.deutschlandradiokultur.de/arbeitswelt-wertschoepfung-entsteht-durch-wertschaetzung.990.de.html?dram:article_id=327714. Zugegriffen: 13. Nov. 2015

Gallup (2014) Engagement Index 2014. http://www.gallup.com/de-de/181871/engagement-index-deutschland.aspx. Zugegriffen: 28. Okt. 2015

F. Rechsteiner, *Erfolgreiches IT-Recruiting trotz Fachkräftemangel,* essentials,
DOI 10.1007/978-3-658-13158-6

Greisle A (2012) Deadlines einhalten - entspannt ans Ziel. http://www.akademie.de/wissen/deadlines-einhalten. Zugegriffen: 21. Dez. 2015

Hamann F (2014) „Wir brauchen einen Paradigmenwechsel“: Wie sich Arbeitgeber gekonnt bei Kandidaten bewerben. http://news.efinancialcareers.com/de-de/174878/wir-brauchen-einen-paradigmenwechsel-wie-sich-arbeitgeber-gekonnt-bei-kandidaten-bewerben/. Zugegriffen: 22. Dez. 2015

Janson S (2015) Vor- und Nachteile des Home Office. http://www.wiwo.de/erfolg/beruf/karriereleiter-vor-und-nachteile-des-home-office/12131648.html. Zugegriffen: 15. Okt. 2015

Jánszky SG (2014) Das Recruiting-Dilemma: Zukunft der Personalarbeit in Zeiten des Fachkräftemangels. Haufe-Lexware, Freiburg

Kempin O (2015) Employer Branding für IT-Experten. http://berufebilder.de/2015/arbeitgeber-fachkraefte-binden-employer-branding-experten/. Zugegriffen: 13. Jan. 2016

König R (2010) Wertschöpfung durch Wertschätzung. http://www.feldnerkoenig.de/Wertschopfung_durch_Wertschatzung.pdf. Zugegriffen: 20. Nov. 2015

Königes H (2011) Wie Firmen zu guten Vertrieblern kommen. http://www.computerwoche.de/a/wie-firmen-zu-guten-vertrieblern-kommen,2360597. Zugegriffen: 2. Dez. 2015

Köppe F (2013) Die Zukunft der Arbeit: Menschen sind keine Ressourcen. http://praktisch-nachhaltig.de/news-und-presse/news-detail?newsid=71. Zugegriffen: 10. Nov. 2015

Krengel M (2013) Pareto-Prinzip: Mit der 80/20-Regel zum perfekten Zeitmanagement. http://www.studienstrategie.de/zeitmanagement/pareto-prinzip/. Zugegriffen: 20. Dez. 2015

Lecturio (2014) Wie Sie durch Wertschätzung Mitarbeiter binden. https://www.lecturio.de/magazin/mitarbeiterbindung-wertschaetzung/. Zugegriffen: 13. Nov. 2015

Michler I (2015) Gibt es den Acht-Stunden-Tag überhaupt noch? http://www.welt.de/wirtschaft/article144427507/Gibt-es-den-Acht-Stunden-Tag-ueberhaupt-noch.html. Zugegriffen: 9. Dez. 2015

Monster (2015) Die 10 schlimmsten Fehler der Chefs. http://karriere-journal.monster.de/beruf-recht/chef-kollegen/die-10-schlimmsten-fehler-der-chefs-41128/article.aspx. Zugegriffen: 14. Dez. 2015

Müller V (2014) Microsofts Mitarbeiter können arbeiten, wo sie wollen. http://www.faz.net/aktuell/wirtschaft/unternehmen/microsoft-schafft-anwesenheitspflicht-fuer-beschaeftigte-ab-13195180.html. Zugegriffen: 30. Okt. 2015

Odgers B (2014) Manager-Barometer 2014/2015. http://www.odgersberndtson.de/fileadmin/uploads/germany/Documents/Studien/Odgers_Berndtson_Manager-Barometer_2014.pdf. Zugegriffen: 28. Nov. 2015

Pabst JM (2011) Bessere Ergebnisse durch mehr Freiheit. http://www.business-wissen.de/artikel/flexibilitaet-am-arbeitsplatz-fuer-mehr-produktivitaet-und-mitarbeiterbindung/. Zugegriffen: 8. Jan. 2015

Pflüger G (2009) Erfolg ohne Chef. Econ, Berlin

Promerit (2013) Studie zum Stellenwert von Fachkarrieren. http://promerit.de/studien/studie-zum-stellenwert-von-fachkarrieren/. Zugegriffen: 8. Okt. 2015

Rechsteiner F (2015) Was erwarten SAP-Experten von ihrem Arbeitgeber? Studie zu den wichtigsten Trends heute und in 5 Jahren. http://www.frankrechsteiner.de/whitepaper. Zugegriffen: 5. Dez. 2015

Riederle P (2013) Wer wir sind und was wir wollen. Ein Digital Native erklärt seine Generation. Droemer Knaur, München

Sprenger R (2014) Mythos Motivation: Wege aus einer Sackgasse. Campus, Frankfurt a. M.

Stopper H (2015) Schafft die Boni ab! http://www.manager-magazin.de/unternehmen/karriere/mitarbeitermotivation-schafft-die-boni-ab-a-1055113.html. Zugegriffen: 2. Nov. 2015

Sztuka A (2015) Normatives Management: Vision, Mission und strategische Ziele. http://www.manager-wiki.com/strategie-grundlagen/5-normatives-management-vision-mission-und-strategische-ziele. Zugegriffen: 17. Nov. 2015

taz.de (2016) Hetze, Druck, noch mehr Hetze. http://www.taz.de/!5097425/. Zugegriffen: 13. Jan. 2016

Tipps.jobs.de (2009) Die innere Uhr. Arbeiten mit dem Biorhythmus. http://tipps.jobs.de/die-innere-uhr/#.VnFtmfZIjct. Zugegriffen: 14. Okt. 2015

Trost A (2014) Vorsicht Fachkarriere. http://www.harvardbusinessmanager.de/blogs/karrierewege-vorsicht-fachkarriere-a-966768.html. Zugegriffen: 11. Nov. 2015

Universität Bamberg, Centre of Human Resources Information Systems (2015) Recruiting trends 2015. https://www.uni-bamberg.de/fileadmin/uni/fakultaeten/wiai_lehrstuehle/isdl/Recruiting_Trends_2015.pdf. Zugegriffen: 2. Dez. 2015

Weidner I (2015) Chef als Fürst in seinem Reich hat ausgedient. http://www.cio.de/a/chef-als-fuerst-in-seinem-reich-hat-ausgedient,3250964#. Zugegriffen: 11. Dez. 2015